日本政治の病理

丸山眞男の「執拗低音」と「開国」に読む

浅井基文

三一書房

もくじ

◆凡例

丸山眞男発言の引用は、左記のように表記しています。

○集①＝『丸山眞男集』第1巻
○別集①＝『丸山眞男集　別集』第1巻
○話文集①＝『丸山眞男話文集』第1巻
○話文集続①＝『丸山眞男話文集』続1
○手帖1＝『丸山眞男手帖』1
○回顧談＝『丸山眞男回顧談』
○講義録①＝『丸山眞男講義録』第1巻

一　個人的体験

最初に個人的体験を紹介するのは、日本の組織（官庁、企業、政党、労働組合、NGO等々）で働いた体験を持つ人であれば、誰もが多かれ少なかれ、私と同じような経験を持っていると思うからである。それらの経験が丸山眞男のいう「執拗低音」と密接にかかわっていることを私も丸山の著作を通じて知ることになったのだが、この本を読む人が、「その経験、自分にもある（あった）」と思い当たるところがあれば、それだけでも執拗低音に一種の「土地勘」みたいな感覚を持ってもらえるのではないか、という期待である。

（一）「執拗低音」との出会い

私は丸山眞男の日本の思想に通底する「執拗低音」に関する論述に出会ったとき、私が外務省に勤務していた時代に頭の中で幾重にも重なって蓄積された様々なモヤモヤが一気に吹っ飛ぶような爽快感を味わったことを今でも鮮明に覚えている。「これだよ、これ」と思わず叫びたくなるような快感を味わったのである。

「執拗低音（バッソ・オスティナート）」とは「低音に執拗に繰り返される音型」を意味するクラシック音楽の専門用語であると、丸山は紹介している。クラシック音楽に造詣の深かった丸山が、「日本思想史における「古層」の問題」（1979年）を論じた中で、日本の思想の中の「日本的なもの」を表す言葉として用いた。日本の思想の中の「日本的なもの」とはそもそも何かについては、丸山自身の以下の説明を読んでもらえば理解されると思う。

「日本思想史において主旋律となっているのは、教義となったイデオロギーなんです。儒・仏からはじまって「自由主義」とか「民主主義」とか「マルクス主義」とか、こうみてくると「儒教」「仏教」を含めて全部これは外来思想なんです。それでは日本的なものはないかというと、ちゃんとした教義をもったイデオロギー体系が日本に入ってくると、元のものと同じかというとそうでなく必ず一定の修正を受ける。その変容の仕方、そこに日本的なものが現われているのではないか。……そこに共通したパターンがあり、それが驚くべく類似しているんです。それが「古層」の問題なんです。だから、「古層」は主旋律ではなくて、主旋律を変容させる契機なんです。（中略）

古層のパターンはあくまで外来思想と一緒に交り合ってシンフォニックなひびきになるのであって、それ自体は独立の「イデオロギー」にはならない。……純日本的なものを一つの「教義」という意味でのイデオロギーにすることは、外来思想を借りないではできないんです。では、日本思想史はたんに外来思想のつなぎ合わせで、その間に「日本的なもの」はないのかというと、そうではない。それが低音に執拗に繰り返される音型と私が呼んだものです。これが未来永劫続くというのではありません。しかし、日本の地理的条件とか、……日本民族の等質性（ホモジェニティ）に支えられて、文化接触のこういうパターンはまだ当分続くのではないでしょうか。」

私にとって「目からうろこ」だったのは、丸山が日本人の歴史意識、倫理意識そして政治意識に流れる執拗低音の存在・働きを指摘した点である。私が執拗低音に関する丸山の指摘を重視するのは二つの理由がある。

一つは、執拗低音が日本人の意識の底流をなして今日もしつこく日本人の意識のあり方に影響を及ぼしていると、私自身の体験を通じて強く感じるからである。

もう一つは、私たち日本人のなかで「普遍」そして「個」を我がものにしているのは少数派で、多くの日本人がそういう意識を我がものとするのを妨げられているのは歴史意識、倫理意識及び政治意識における執拗低音の働きによるものではないかと考えるからである。逆に言うと、「普遍」及び「個」が育たない限り、私たちは執拗低音の働きを自覚的・意識的に克服することはできないと思うのだ。

「普遍」及び「個」にかかわる点については項を改めて考える。以下ではまず、私の個人的体験について紹介することから始めたい。

(二) 外務省勤務時代の体験

〈年次（「同期」）〉

日本人は「お上」に弱いと、私は仕事人生の中で何かにつけて感じさせられることが多かった。私が外務省に勤務していたときもそうだ。

入省した年次というのは外務省に勤務している限り、「同期」といううくくり方で常につきまとう。同期の一人が首席事務官（筆頭課長補佐のことを外務省ではそう呼ぶ。少なくとも私が勤めていた時代はそうだった）、あるいはさらに数年後に課長になると、それから二、三年の間に同期生はおおむね首席事務官、課長に「昇進」する（外国勤務のものは、帰国後に当然のごとく課長職に就く）。局長職以上はポストが少ないので同期生全員というわけにはいかない。それでも、同期の誰かが局長になれば、同期生の何人かは局長に「昇進」する。外務省は他の省庁と比べると格段に「天下り先」（「天下り」という言葉ほど官尊民卑、つまりは「お上」意識を表すものはないだろう）が少ない。したがって、同期生の多くは退職年次が来るまではおおむね外務省で職を食むことになる。そのため、ますます外務省に対する「帰属意識」（これまた「お上」意識の付随感情）が強くなる。「大使」まで勤め上げたものは、そのことだけで（たいしたことをしたかどうかに関係なく）同じ年に褒章に与ることになる。「年次」の支配はいやが上にも「お上」意識を牢固としたものにする。

〈伝統・価値観〉

「年次」はほんの一例だ。外務省という組織にどっぷりつかったままで人生の大半を過ごす結果、多くの外務官僚の思考は外務省という組織が作り上げてきた伝統・価値観で染め上げられることになる。

外務省の歴史は明治の初めまで遡る。しかも、この組織は成立以来今日に至るまで一貫して独自性を保ってきている。その強固なまでの「独自性」は、2001年に行われた大規模な省庁再編の際、官僚機構最右翼の大蔵省が財務省と名前を変えたときですら、外務省はその看板を変えなかったことに象徴的に示される。その伝統・価値観が持つ重みは格段に大きい。

問題は、その伝統・価値観の中身である。

日本という国家は、1945年の敗戦の日を迎えるまで、天皇という「お上」をトップにいただく三角形（ピラミッド型）の階層社会（ムラ）だった。外務省だけではない。官民を問わず日本のいかなる組織でも三角形の階層社会が支配した。天皇制という大三角形の中で無数の三角形がひしめく階層社会だったのだ。

ポツダム宣言受諾による民主化はこの国の姿を変えるはずだった。ポツダム宣言については項を改めて考えるので、ここでは深入りしない。言いたいのは、外務省の伝統・価値観は敗戦までの100年弱の時間の間に作り上げられ、うち固められてきたということである。そして、ポツダム宣言が予定した日本の民主化が流産した結果、外務省の伝統・価値観はほぼ無傷で温存されたということである。つまり、外務省の伝統・価値観は、今日に至るまで階層社会のそれであり、「お上」意識で染め上げられたものであるということだ。

私が外務省を離れてからすでに30年が経つ。「30年前といまでは大違いだ。何も分かっていないでいい加減なことを言うな」と言われるかもしれない。私も外務省がそういう伝統・価値観を払拭したことを心から願う。

以上に述べたことが間違っているなら喜んで撤回するので、幸便で教えてほしい。しかし、外務省の体質が変わったという大ニュース（外務省に勤めた経験がある私にとって）には接した覚えがない。

〈個人的幸運〉

私個人に関していえば、二つの偶然に恵まれたことによって、外務省の伝統・価値観に染まることを運良く避けることができた。

一つは、「入省」（この言葉自体契約概念とは無縁であり、外務省というムラに入ることを意味する言葉だ）後の語学研修で台湾に滞在した2年弱の間に知り合った、同年代の中国人の生き様に接したことだ。

蒋介石の反共独裁体制のもとで、彼らは投獄（最悪の場合は死刑）を恐れず、共産主義の理念、社会主義の中国にコミットしていた。「理念を生き甲斐とする」同年代の存在は私には衝撃だった。理念（つまり「普遍」）の力を生まれて初めて思い知らされたからだ。

それからの私の人生において、理念に生きる彼らは私自身の生き様を映す「鏡」となった。特に、作家としてすでに台湾で名を馳せていた陳映真（私には永善という本名の方が親しみがある）は志が高く、「個」を確立していて、私の生涯の「生きる鏡」となっている（残念でならないが、彼は昨年、北京で客死した）。

私は非常に弱い人間だ。外務省で仕事をするさまざまな状況でその伝統・価値観に屈し、「現実」に妥協してしまおうかと弱気になることもあった。しかし、最終的に踏ん張ることができたのはこの

「鏡」のおかげだった。外務省の伝統・価値観から距離を置き、これを傍観する確かな目を確立できたのも、この「鏡」の存在抜きには考えられない。

もう一つの偶然は、課長になるまでは「上司」（これまた「お上」意識から派生する言葉）に恵まれていたことだ。そのため、「お上」を意識することなくのびのびと仕事を楽しむことができた。

特に、最初の国内勤務の中国課の時の敬愛する「上司」の影響は大きかった。彼が度々私に漏らした言葉がある。その言葉のお陰で、「入省」してから2、3年という早い時期から、外務省に「骨を埋めるつもりはない」という意識が備わった。

彼は時々私を誘って昼飯に出かけ、日比谷公園を散策した。その際、口癖のように「浅井よ、（外務省を）辞めるなら40歳だぞ」と口にした。

彼は半ば自分に対して言っていたのかもしれない。彼には地元選挙区で衆議院総選挙に出馬する話があることを、私も早くから伝え聞いていた。あるいは、すでに外務省を傍観視しはじめていた私の心を見透かして言ったのかもしれない。

後日談になる。彼はアジア局長になり、中国大使館に勤務していた私を中国課長に引っ張ってくれた。

その彼が国会答弁関係で国会議事堂を駆けずり回る姿を目撃したのはショックだった。「豪放磊落な彼でもこうなるのか。これでは自分に局長など務まるわけがない」と思い知らされた。局長になる前に外務省を辞める気持ちが固まったのはそのときだった。

〈中曽根ブレーン〉

彼のもとでの中国課長1年目は充実していた。ところが、課長2年目を前に、敬愛していた「上司」が大使として転出してしまった。これで私は幸運に見放され、外務省の伝統・価値観の重みに翻弄されることになった。

私が中国課長のときの首相は中曽根康弘、外相は安倍晋太郎だった。中曽根が1984年に訪中した際の日中合意の「目玉」の一つとして用意したのが、今も続いている「日中友好21世紀委員会」の提案だった。これは中曽根のブレーンの発案になるもので、立ち上げ後の委員会の日本側主要メンバーも当然のごとく彼らが占めることになった。

そして、行財政改革を経た今日ではもはや考えられないことが次々と私に突きつけられた。委員会打ち合わせ会合に出席する委員たちに、当時の規則に基づいてタクシー・チケットを手配すると文句が出た（ハイヤーを用意しろというのだ）。所定経費内の弁当を用意すると何事かとケチがついた。

しかも、彼らは直接私に言うのではなく、「お上」の威を借りて（官邸を通して）「下ろしてくる」のだった。つまり、彼らは官邸に訴える。すると、外務省から出向している総理秘書官が彼らの不満をアジア局長に「下ろし」、「善処しろ」となるのだ。

局長は善人だったが、とにかく「お上」に弱かった。局長の「下」にいる局付の審議官、参事官も局長の指示を鸚鵡《おうむ》返しに私に「下ろして」きた。私は筋論で抵抗したが、彼らは「官邸のご意向」の一点張りで、規則・所定経費（つまりルール）は完全無視だった。結果として、私は「融通が利かない」、

「頭が固い」無能な官僚に成り下がってしまった。

局長たちの言動は、後に知ることになる政治意識の執拗低音（「捧げる」「献上する」）の典型である。もっとも、当時の私は執拗低音なる言葉を知るよしもなかった。しかし、「どうしてこんなにも「お上」に弱いんだろう」という疑問がいやが上にも膨らんだというわけだ。


〈ボス〉


以上の「不始末」もあってか、それとも、課長ポスト一カ所2年という当時のルールが適用されたためか、アジア局3年目には地域政策課長に配置転換させられた。そこで、さらなる不運に遭遇することとなった。

2年目に局長だった人物は体調を崩し、3人目の局長に「仕える」ことになった。その人物は「チャイナ・スクール」（ムラ）のボスを自認する人物だった。私も「チャイナ・スクール」のはしくれだった。彼からすれば、私がボスに忠誠を尽くすのは当然だと思っていたに違いない。

しかし、ボスと私が敬愛していた「上司」とはかねてから犬猿の仲だった。というより、「上司」はボスを評価しておらず、無視、冷遇したので、ボスが一方的に「逆恨み」の気持ちを膨らませたのだと思う。

ボスの目には、「上司」に対する敬愛の気持ちを公言することをはばからなかった私が彼に逆らっている、と映ったに違いない。たぶん、私を見ると「上司」がダブって見えたのではないかと思う。「上司」に対する彼の敵愾心はあるとき、突然に私に向けられた。というより、彼は私を懲らしめようと虎視眈々とチャンスを見計らっていたのだろう。

外務大臣の安倍晋太郎が東南アジアに出かけ、対アジア政策に関する重要演説をすることになった。彼は中曽根の後継候補の最右翼だった。この演説も将来の首相の座をにらんだ布石の一環だったと思う。アジア局右翼課（いわゆる「右翼」という意味ではなく、「局とりまとめ課」という意味）課長の私が演説原稿を書くことになった。

私は中国課長時代に安倍の信用を得ていた。私邸に報告に行ったことも何回かある。安倍晋三が秘書官として同席していたこともある。

私は日本のあるべき対アジア政策について、日頃自分が温めていたことを外相演説として明らかにするチャンスだと思った。入念に書き上げたし、我ながら自信作だった。アジア局長主催の定例局議（金曜日）でも承認され、後は大臣に「上げる」だけとなった。

ところが翌々日（日曜日）の朝、自宅の電話が鳴り、出ると局長からだった。彼はいきなり「あれはボツだな。全面書き直し」と言った。

私はあっけにとられた。かろうじて気を取り直して「局議で承認されたはずです。全面書き直しには従えません」と抗議した。すると彼は「じゃあ、外務省を辞めるんだな」と言ったまま電話を切った。

私の頭は混乱した。だが落ち着くにしたがい、「ああ、これが外務省を辞める潮時ということか」と、なぜかストンと整理がいく気持ちになった。私は物覚えが極端に悪い。しかし、そう思ったことは今でもやけにハッキリと記憶している。

私は局長に「抗命」して書き直しを拒否し、それ以後一切の仕事をボイコットした。組織の規律に違反する私を待っているのは、直ちに辞職するか、在外勤務に追い出されるのを待つかの二択だけだった。

いきなり辞めても家族を抱えて路頭に迷う運命が待ち受けていることは、私にもさすがに理解できた。当時はまだ今日ほど仕事を簡単に変える環境はなかった。とりあえず在外勤務を受け入れるしかなかった。

私はそれまで一度も朝鮮半島関係の仕事にかかわる機会がなかった。かねがねハングルを習得したいという気持ちもあった。辞める前に韓国勤務を経験したいと思い、願い出た。当時の私の「年次」からすると公使職になる。

しかし、アジア局長（ボス）がそういう「おいしい」ポストを許すはずはなかった。結局、1年間のイギリスでの在外研修（国際戦略研究所（ISIS）特別研究員）が命じられた。

ロンドン滞在の1年間、身の処し方をあれこれ思い悩んだ。「捨てる神あれば拾う神あり」とはよく言ったものだ。当時の官房長が私のことを哀れんでくれた。彼は、非常勤で講義を担当していた東京大学教養学部に私を常勤の「教授」として押し込むことに尽力してくれた。今の時代では珍しくもないが、当時（1988年）、大学中退つまり高卒の人間が東大教授になるというのはまだ前例もなかった。官房長に「足を向けて眠れない」気持ちは今も持ち続けている。

〈二人の官房長〉

官房長職にかかわる後日談をつけ加えておく。

私はこの官房長（私が中国課長時代は条約局長）及び彼の前の官房長（私が条約課勤務時代の首席事務官）については面識がある。私は、二人の人格・識見を高く評価していた。二人とも舌を巻くシャープな頭の持ち主でありながら、「浪花節」的要素も併せ持っていた。

私を東大に押し込んでくれた官房長についてのエピソードを紹介する。私は中国課長2年目のとき、日中間で係争がある東シナ海で、問題点を棚上げする日中共同開発の可能性を探っていた。通常は、局議に「上げて」承認を得た上で条約局に話を持ち込むのが筋だ。しかし、そうすると局議の段階でポシャることは目に見えていた。そこで、私は条約局長に直接話を持っていったのだ。局長は「（条約局）審議官とは相談した？」と聞いた。私はその審議官がゴリゴリの「反共反中」であることを知っていた。だから、局長に直接相談に行ったのだ。理由は伏せたまま「相談していません」とだけ答えた。その返事だけで彼はすべてを見通したのだと思う。私の相談に乗ってくれた。正に「浪花節」を解する対応だった。

なお、共同開発の件は、中国課長を辞めさせられてそのままとなったのは、いまでも残念な気持ちが残る思い出だ。

もう一人の官房長にまつわるエピソードもつけ加えたい。彼は1972年の日中国交正常化交渉には条約課長として深く関わった。彼は当時中国課長だった私の敬愛する「上司」を全面的にバックアップし、日中共同声明作成の立役者となった。彼が自らの戦争時代の体験に基づいて日本外交のあり方を考えていたことは間違いないと思う。

ところが、ゴリゴリの反共反中の審議官が条約局長になって以後、日中関係はおかしくなった。特に、民主党政権（当時）が尖閣問題で日中関係を荒立てたとき、外務省は日中間の「棚上げ合意」（252頁）は存在しないと言い出した。このようなことは条約局の関与なしにはあり得ない。ちなみに、おかしくなってからの条約局は安倍政権にも犬馬の労をいとわない存在に成り下がって、現在に至っている。

（三）　大学教員時代の体験

私の大学教員としての生活は1988年から2011年までの23年だ。2015年から大阪経済法科大学の客員教授という肩書きはある。しかし、何もしていないのでカウントしない。外務省員だったのが1963年から1988年までの25年だから、時間的にはほぼ匹敵する長さだ。ただし、この23年間に4つの大学に籍を置いたこともあってか、身につまされる体験は少ない。

しかし、派閥争い、ボス的存在の弊害を味わわされた経験はある。ちなみに、派閥争い、ボス的存在の弊害はともに、政治意識の執拗低音の表れである。

〈派閥争い〉

派閥争いに関する経験とは次のことだ。官房長の尽力で、私が東大教養学部教員（教授）になったことにかかわる。大学に移ってから知ったことである。

官房長は、彼が懇意にしていた、中曽根政権（というより自民党）に近い、保守的な立場の教員たちに働きかけたらしい。そして、彼らが「2年の任期の約束」ということで学部教授会の承認を強引に取り付けることで、私の人事はかろうじて実現したらしい。

ところが、私の人事を推進した保守的グループと政権・自民党と距離を置く、リベラルな他の教員との間には深い溝があった。そのことに、私はすぐに気づかされた。

事を複雑にしたのは、私の思想的立ち位置は後者に近く、前者とは氷炭相容れないことだった。私が『日本外交—反省と転換』（岩波新書）で日本外交のあり方に関する考えを明らかにしたことで、両者の私に対する評価は逆転することになった。

ちなみに、私がこの本で批判したのは戦後日本の対米追随の外交のあり方であり、外務省批判の気持ちは毛頭なかった。しかし、外務省サイドが私は外務省に「反旗を翻した」と受け止めたのは、今にして思えば当然だった。若手省員が「浅井が霞ヶ関界隈に現れたらただではおかない」と息巻いているといった情報が、知り合いの新聞記者から伝わってくるようになった。

それはともかく、この本によって私に対する認識を改めたリベラルな教員たちは、私がそのまま教養学部に残ることを好意的に考えるようになった。ところが、外務省に近い保守的グループは逆に、

「2年の約束」で私を外務省に返すことになっていると筋論で押し切った。

後日談を一つ。私としては外務省に戻る気持ちはさらさらなかったので、人づてで他の大学に移る可能性を求めた。当時の私はまったく無知で、大学教員の公募制度があることすら知らず、途方に暮れる日々を余儀なくされた。

私一人であれば、評論家まがいの仕事で当分は食いつなぐことはできると思った。しかし、家族の生活のことを考えると、やはり大学教員としての安定した道を探すべきだと思ったのだ。

好意的に考えるという大学も現れたが、最終的には断られた。外務省の「横やりが入った」と人づてに知らされた。万事休したとき、再び救いの神が現れた。親台湾派の「大物政治家」・藤尾正行の政務秘書で、中国課長時代に知り合った人物だ。

私は中国課長のとき、日中「政経分離」原則の枠内で、できる限り彼が持ち込んでくる台湾関連の問題に協力した。その結果、藤尾にもそれなりに認められ、政務秘書とは非常に親しくなった。

その彼が外相・安倍に私の窮状を知らせたのだ。安倍は岸信介の女婿であり、もともと親台湾派の重鎮だった。安倍は日本大学に私の人事を持ち込んでくれて、私は一命をつなぐことができた。

〈ボス的存在〉

ボス的存在の弊害にかかわる体験も紹介しておく。私を日本大学に押し込んでくれた安倍には感謝したが、私はこの大学の「体質」にはなじめなかった。大学ではゼミも受け持ち、ゼミ生の中には気骨を感じる者もいた。しかし、リベラルという評判が高かった明治学院大学国際学部から誘いが来たとき、ゼミ生には申し訳なかったが、私は躊躇なく移ることを決意した。

私の採用に尽力したのは国際政治学の大御所的存在だった。私のような「えせ学者」からすれば仰ぎ見る存在だし、彼の高名はつとに承知していた。私は畏敬の念すら抱いて接した。しかし、彼には国際政治学界の大御所（ボス）であるという自意識があまりにも強烈だった。

当時の国際学部には、もう一人高名な国際政治学者がいた。問題は、国際学部付設だった平和研究所の所長人事で起こった。

大御所の教授が所長だったが、彼は自分の後任として、もう一人の高名な学者ではなく、私を指名して人事委員会に諮った。私を指名した彼の意図が「院政を敷く」ことにあったことは誰の目にも明らかだった。

私はもう一人の高名な学者が所長にふさわしいと主張して固辞した。ところが、投票の結果私が選ばれてしまい、とりあえず引き受けるほかなかった。しかし、私は大御所に「院政は受け入れない」、「2年の任期後には高名な学者氏に所長になってもらう」と直言した。

その後の彼と私の関係がどうなったかは触れるまでもないだろう。この不毛極まるドタバタに巻き込まれて、私の神経は痛くすり切らされた。

(四) 外務省の「親米」体質

私が外務省で働いていたことがあるため、講演会場から「外務省は心底親米なのか? それとも何らかの判断に基づく政策的親米なのか?」という類いの質問を受けることがよくある。私自身、外務省はどうしてかくも徹底した親米なのかと、外務省員時代一貫して自問していた。

敗戦後の日本はアメリカの単独占領の下に置かれた。独立回復に当たっては、日米安保体制受入れが条件だった。サンフランシスコ対日平和条約と日米安保条約はセットなのだ。したがって、独立回復後の日本外交は、好むと好まざるとにかかわらず、対米協調を主軸にすることが決まっていた。

しかし、「魂を売り渡す」ことまで強要されたわけではない。その後の自覚的な努力如何によっては、自主外交に軌道修正することは可能だったはずだ。最低限言えることは「対米協調」即「親米」ではないということだ。だが、戦後日本外交を通観するとき、当初の条件・選択としての「親米」から今日の目的・前提としての「親米」へと、変化・変質してきたことは明らかである。

問題は以上にとどまらない。私はより重大な問題を指摘しなければならない。それは、以上の変化・変質はひとり外務省だけに見られることではないということである。

すなわち、政府・自民党、多くの野党、マス・メディア、ひいては多くの日本人にもこの変化・変質が起こっていると思う。この変化・変質を理解するには、例えば、1960年のいわゆる安保闘争当時と今日とを比較してみることだ。

1960年は私が大学生になった年だ。私は入学早々安保闘争の大波にのみ込まれ、デモに参加して反安保・反岸（信介）を叫んでいた。

だが、この闘争は「一握りの行動」では決してなかった。日米安保条約改定を認めるか否かは正に国論を二分する争点だった。そして、その根っこにあるのは、「日米関係のあり方はどうあるべきか」、「日本は如何にあるべきか」をめぐる保守と革新の正面衝突だった。

いまはどうか。大統領は「悪名高い」トランプである。アメリカ政治史における異端者だ。政治哲学も戦略眼もゼロ。もっぱら商売人的損得勘定で世界を引っかき回し、深刻極まる問題を次から次へと引き起こしている。

中国、ロシアはもちろん、NATOで同盟関係にある欧州諸国の多くもトランプ・アメリカとは一線を画す状況だ。アメリカ国内も大統領選挙の年を迎え、トランプ支持・不支持をめぐって国論が真っ二つという深刻な状況を生み出している。

ひるがえって日本はどうか。安倍のトランプにのめり込む行動は国際的に突出している。ほとんどの野党も、トランプに対してだんまりを決め込んでいる。マス・メディアのトランプ批判も当たり障りがないものばかりだ。

その結果、政府・自民党・外務省の親米路線は微動もしない。私が在籍していた頃の外務省も「骨の髄からの親米」だった。しかし、まだ「自らを見失う」までにはひどくはなかったと思う。

私がもっとも気になるのは、世論が政官財・マスコミの親米路線を下支えしていることだ。内閣府（前身は総理府）が1978年以来毎年行っている世論調査がある。これによれば、アメリカに「親しみを感じる」とする者は、例外的な年を除いて一貫して70％以上だ。4人に3人は「親しみを感じる」としている。

オバマ政権時代には80％を超えた。トランプが大統領になって若干下がった。とはいえ、それでも75％以上という高水準を維持している。つまり、トランプの出現は日本人の対米感情にほとんど影響を及ぼしていないのだ。

この事実が示すのは、条件・選択としての「親米」から目的・前提としての「親米」という変化・変質は、外務省、政官財・マスコミだけではなく、国民的なものということだ。こういう世論があるからこそ、政官財・マスコミはのうのうと「親米」路線にあぐらをかいているに違いない。

また「政権交代」をめぐって離合集散を繰り返す野党からも、「外交政策の転換」はテーマとして出てこない。これも、こうした世論に対する彼らの「忖度」に原因があることは間違いないだろう。つまり、多くの野党にとっても「親米」は大前提だ。それに加え、国民はおそらく「親米」をまな板にのせる政党への支持をためらうに違いないという忖度も働いているだろう、ということは容易に推測できる。

ちなみに、日本共産党に対する国民の支持率が伸び悩む原因はここにあると思う。同党は、日米安保条約反対、自衛隊は違憲、アメリカに対しては是々非々という姿勢を、かつてほど歯切れは良くないものの、とにかく維持している。同党に対する多くの国民の不安感の所在はここにあることは間違いない。

一言蛇足をつけ加える。共産党は、「嫌中反中」の国民感情におもねれば支持率を回復できると勘違いしてはいないか。党綱領改正、志位委員長の発言（251頁）を見ていると、そう思わざるを得ない。しかし、国民の支持率の伸び悩みの原因は同党の対米姿勢にあることを知るべきだ。

もちろん、私は共産党まで親米世論におもねることになれば「世の終わり」だと思っている。私が同党に願うのは、説得力ある分析で世論及び他の野党の対米認識を正すことだ。私自身、60、70年代の同党の鋭い対米分析に多くを学んだ記憶がある。

結論。国際的に見て異常な「国を挙げてアメリカべったり」の心情は執拗低音の働きを抜きにしては考えられない。もっとも、この心情が執拗低音の働きによるものであることは、私も後になって理解したことである。

（五）　歴史教科書検定と中曽根靖国公式参拝

私が外務省に勤務していたとき、日本の歴史認識について疑問を感じる二つの問題に遭遇した。1982年に起こった歴史教科書検定問題、そして1985年の中曽根靖国神社公式参拝である。

〈歴史教科書検定問題〉

1982年当時、私は在中国日本大使館の政務担当参事官（政治部長）だった。私が体調を崩して一時帰国している間に、文部省（当時）の歴史教科書検定内容に対して中国、韓国、東南アジア諸国から批判の声が沸き起こった。以下は、私が直接かかわった日中間に限定して述べる。

日本が中国に「侵略」したという教科書の記述が文部省の検定で「進出」と書き改めさせられたと新聞報道された（6月）。中国政府はこのことについて正式に日本政府に抗議した（7月）。事実関係の詳細は省く。私が強い疑問を感じたのは、日中間の外交的決着に応じた文部省が、検定基準としてアジア諸国に対する外交的配慮を加えることを決めた点にある。

「侵略」を「進出」と書き改めさせようとした文部省（及び自民党文教族）の歴史認識には深入りしない。私が理解不能だったのは、歴史の事実にかかわる問題を外交的配慮によって「さじ加減」することに応じる文部省の姿勢だ。文部省は「歴史をそもそもなんだと思っているのか」ということだ。

文部省にとって史実如何は「どうでもいい」というのが本音である。そのことをまざまざと見せつけられる思いだった。逆に言えば、文部省（いまの文科省）は、チャンスさえあれば自分たちに都合のよい記述に書き換えさせることを狙っているということだ。

〈中曽根靖国参拝〉

1985年8月15日に中曽根首相が靖国神社を公式参拝した。私が中国課長から地域政策課長に配置換えされた直後だった。私が中国課長だった2年間も、8月15日が近づくと中曽根が靖国神社を参拝しようとする気配が伝わってきた。外務省は後藤田正晴官房長官（当時）に働きかけ、彼を通じてその都度思いとどまらせていた。

しかし、1983年（胡耀邦訪日）及び翌84年（中曽根訪中）の日中首脳相互訪問を通じて、中曽根は両首脳間の個人的信頼関係に自信を深めた。中曽根はそれを恃んで参拝を強行した、と私は理解している。ただし、もはや中国課長ではなかったので、官邸と外務省との間でどのようなやりとりがあったかは知るよしもない。

官邸から「下りてきた」指示は、「アジア諸国に丁寧に説明して理解を得るように」だった。アジア局は後始末に追われた。

後日談を加える。胡耀邦は、事実上この事件の責任をとらされ、総書記解任に追い込まれた。その結果、中曽根はその後公式参拝を慎むことになった。

私が中曽根の靖国参拝強行の際に強く疑問に感じたのも、歴史教科書検定問題のときと同じことだ。中曽根は「歴史をそもそもなんだと思っているのか」という疑問である。


〈文科行政の「勝利」〉

その後も、日本政治の右傾化が不断に進行するもとで、日本の歴史を美化しようとする動きはますます強まっている。「南京大虐殺はなかった」、「従軍慰安婦は日本軍の強制によるものではなかった」、「強制連行による徴用はなかった」等々。

日本の右翼層が「歴史的汚点」と見なす問題はことごとくやり玉に挙げられ、否定される。そういう主張が歴史教科書の記述にますます反映されるようになっている。

私は1992年から明治学院大学国際学部で「日本政治論」を担当した。講義の後に学生から感想・意見のメモを提出してもらうことにしていた。メモを読んで愕然としたのは、ほとんどの学生が歴史教科書の記述を鵜呑みにしていることだった。

1992年当時に私の講義を聴いた3、4年生の多くは20歳から21歳だった。ということは現在、彼らは48歳から49歳ということになる。つまり、50歳以下の日本人の多くは、教えられた「史実」に頭の中が染められてしまっているということだ。日本人の歴史意識を正面から問題視するべき理由はここにある。

二　執拗低音

私は、外務省の実務体験及び大学の教員生活を通してさまざまな、しかしモヤモヤと漠然とした問題意識を温めることになった。折から陸続と刊行された『丸山眞男集』をむさぼり読み、丸山眞男の執拗低音に関する言説に接したとき、「目からウロコ」とは正にこういうことだな、と感動した。「これだよ、これ」という実感である。私の個人的体験に基づく問題意識は、私個人の次元の話ではなく、広く日本政治に通底する、極めて本質的な問題だったのだ。

(一)　丸山眞男の問題意識

丸山眞男はなぜ執拗低音を提起したのか。そもそも「執拗低音」とは何か。まずこの二つの点を明らかにしたい。最初に断っておく必要があるのは、丸山は最初「原型」と名づけ、次いで「古層」と呼び変え、最終的に「執拗低音」に落ち着いたということである。

〈日本政治と執拗低音〉

今日の日本政治のありように執拗低音が深く関わっているとする丸山の問題意識（基本認識）を理解する上ではまず、丸山の次の発言を読んでほしい。丸山は表現をいくつかに変えながら、執拗低音とは何ものかについて分かりやすく説いている。

すなわち、「深層、下意識のレベルでわれわれを深く規定している（もの）」、「深く私たちのものの考え方の底辺に横たわっている、生き続けている（もの）」、「われわれが意識しないで、何千年の昔からわれわれの意識の底に沈んでいるもの」等はとりもなおさず、執拗低音とは何ものであるかについての彼自身による平易な説明である。

「これはあらゆる領域でそうなのですが、特に思想と文化の領域ではそうなのでありまして、むしろそういう領域では、時間的に遠く離れて距たって見えるものが、実は意識しないで—深層心理学の言葉を使うならば—深層、下意識のレベルでわれわれを深く規定しているのではないか。……一見、現代の生活に縁のないように見える千何百年前の記録に見えるようなものの考え、思考様式、あるいはその中に現れている発想というものが、実は深く私たちのものの考え方の底辺に横たわっている、生き続けている。ただそういうものが昔あったというだけじゃなくて、現在生き続けている。必ずしもわれわれはそれを意識していない。思想としては意識していない。思想というと大変ハイカラなものを意識する。しかし実はそのハイカラなものを受けとる受けとり方の中には、われわれが意識しないで、何千年の昔からわれわれの意識の底に沈んでいるものがあるんじゃないか、ということであります。」（1）

〈戦前からの問題意識〉

丸山は、執拗低音にかかわる問題意識は戦前からのものだと言う。すなわち、『日本政治思想史研究』執筆当時から考えていたと語っているのだ。丸山は中国における易姓革命を取り上げて、王朝交代が起こりえない日本（浅井：「万世一系」）における受容上の難しさと絡めて、「日本思想の特質」に思いが及んだことを述べている。

しかも丸山は、自分の問題意識は格別に新しいわけではなく、江戸時代の儒学者、国学者がこの問題と格闘したと言及している。その上で、「先人の業績を受けて……日本の思想史における不変化の要素と変化の要素との関連は何か」ということが彼自身の問題意識となったと説明するのである。執拗低音に関する丸山の問題意識が一朝一夕の類いのものではないことを理解するのに十分だと思う。

後述することを先取りする。種明かしはミステリーでは厳禁だが、執拗低音について正しく理解する上では、この種の種明かしはむしろ助けになると思うからである。

中国では易姓革命が起こるのに、日本で万世一系となるのは政治意識の執拗低音の働きゆえである。中国の「政」は、欧州の「統治」（Govern）と同じで、「上から下への統治」である。その統治に失敗すれば革命を招く。しかし日本の「政事（まつりごと）」は「たてまつる」「ささげる」であり、「下から上に対する献上」である。だから、革命は起こりえない、ということになる。

後で詳しく取り上げるが、丸山の高弟である石田雄は、執拗低音に関する研究を丸山の日本政治思想史研究の中の「勇み足」と厳しく批判する。しかし、執拗低音に関する問題意識が戦前からのものだという丸山自身の指摘は、「勇み足」として切り捨てる見方こそ、批判に走った者の「勇み足」であることを示している。

私の理解は以上のとおりだ。しかし、正確を期して、丸山の発言を紹介する。

「日本思想の特質ということは、『日本政治思想史研究』を書いたときから考えていました。だって、江戸時代の儒教をやっていると、日本の儒教の特質ということにすぐぶつかるんですから。具体的に言うと易姓革命問題なんです。中国はしょっちゅう王朝が変わるでしょ。それ［を正統化するのが儒教です］、暴君は放伐していいというのが儒教思想ですから。日本は暴君放伐を機械的に適用すると困っちゃうわけです。日本はなぜ王朝が変わらないのか。だから、中国儒学をそのまま適用しちゃいけないという考え方が江戸時代の初めから出てきてるわけです。……その問題を江戸の儒者は儒者なりに、国学者は国学者なりに、解こうとしているわけです。

……だから、僕が純粋に頭のなかで考えたことは非常に少ない。そういう先人の業績を受けているわけです。受けていて、そして日本の思想史というものにおける不変化の要素と変化の要素との関連というものは何だろうかということが、僕の問題意識にあった。」（2）

〈日本の特異性〉

丸山は世界の中での日本の特異性という角度から問題意識を育んだ。私の勝手な理解を交えて丸山の問題意識の所在を大胆に言う。

日本は、時代ごとに世界の高度の文明を受け入れることによって、自らの高度な文明を発展させてきた。しかし、日本の地理的特性（海を隔てて大陸に接する）もあって、日本は「未開」だった当時のメンタリティ（丸山：「同質性」）を維持してきた。これが執拗低音である。

丸山は、日本文化には二つの特徴があると指摘している。一つは、「外来文化の刺激で、旧来の生活文化が根底から覆ったり、滅びさるには、あまりに自足性が強い」こと、今ひとつは「完全な閉鎖的自足性を維持するには、あまりに外的刺激を受けやすい」ことである。

そして丸山は、この二つの特徴は、「日本のいわゆる島国性の実質的内容を決定するのに、きわめて重大な意味を持っていると考えられる」と指摘する。そして、「日本文化の発展の場は、世界的文明を代表していた世界帝国を隣にひかえ、しかも、それに全く圧倒されるほど近すぎもせず、逆にそれと全く無関係に閉鎖性を維持しうるほど遠すぎもしなかった。そしてそこに、日本の文化と思想の出発点の独自性が存在した」という重要な結論を導き出すのだ。(3)

私の勝手な憶測を交えることを許してもらう。丸山の言わんとすることは、日本は高度な文明国になったが、意識の面では多分に未開当時の要素を残しており、その未開の要素が執拗低音としてしたたかに生き延びている、ということだ。

そのことは、日本が「普遍」を我がものにすることを妨げる。「普遍を欠く日本の思想」（丸山）は、私たち日本人の意識のあり方を深層で規定せずにはおかない。後述する歴史意識、倫理意識及び政治意識の執拗低音が正にそれである。

丸山は以上の叙述に続けて、「日本の空間的所与と、それに制約された文化的発展の型は、数百年、数千年にわたって、日本の思想史上にさまざまな刻印を押してきた。そしてそれは歴史上の個々の思想についていえるのみならず、今日においてもさまざまな形で我々の思考様式を規定している」と述べる。

ちなみに、彼が、今日でも日本人の思考様式を規定している例としてあげる代表例は、「外来的なもの（「ソト」）と土着的なもの（「ウチ」）という二分法的見方」である。

私は丸山のこの指摘に大いに力づけられる。私がこの本を書く狙いは執拗低音が今日も生き続けていることを示すことにあるが、そういう私の問題意識は的外れではないことを丸山自らが語っているからだ。

ちなみに、日本文化の特異性に注目した政治学者にサミュエル・ハンチントンがいる。彼は『文明の衝突』「日本語版への序文」の中で、次のように指摘している。

「世界のすべての主要な文明には、二カ国ないしそれ以上の国々が含まれている。日本がユニークなのは、日本国と日本文明が合致しているからである。そのことによって日本は孤立しており、世界のいかなる他国とも文化的に密接なつながりをもたない。」

私はハンチントンのこの本には、率直に言って関心がない。しかし、以上の日本に関する指摘は当たっていると思う。

私なりの理解を示す。日本以外にも文化的な独自性・特異性を保っていた政治的単位は、地球上にはかつてあったと思う。しかし、欧米帝国主義が世界を席巻した。これらの政治的単位は植民地化され、いずれかの文明に隷属させられた。その結果、独自性・特異性は奪い去られ、消され、「普遍」の洗礼を受けることになった。

ひとり、日本だけは植民地化を免れた。そして、独自性・特異性を維持した。「普遍」の洗礼を受けることもなかったのである。

〈「未開社会」〉

以上と密接に関連して、丸山は自らの「原型」に関する研究は「未開社会」研究の視点を取り入れる必要があることに言及している。このポイントは絶対に見逃すことはできない、というのが私が声を大にして強調したいことだ。

外来文明（特に普遍の思想）を日本的に変容させる働きを持つ「執拗低音」的な要素は、昔の日本に限らず、「未開社会」には広く共通して存在していたのではないか。丸山の以下の指摘は、そういう私の理解が丸山自体の問題意識であった可能性を示唆する。

「祭祀（クルトウス）行事と文学（的）情念の日本における政治的なるものとの関連。

この二つからのアプローチが日本の政治を解く鍵であり、それは古代天皇制から三派全学連にまで共通する特質である。私のこれまでの日本政治の歴史的研究にしろ、現状分析にしろ、この二つの面からのアプローチにおいてははなはだ不十分であったことを、私は自認せざるをえない。……文学的美意識の方は、ともかくも国学研究以来取扱って来た。しかし祭祀の行動に表現されたイデオロギーについては、せいぜい、おみこしの理論、ウェーバーに依拠した「オルギー」、和辻理論の継承としての祭祀共同体の理論を雑すいにしたにすぎない。……民俗学から素材として、中央と地方の祭祀の社会学的構造と精神構造を学び、方法的には、比較的考察―たとえばクーランジュから構造主義にいたるまでの「未開社会」研究―にとりくまなければ、古代についても現代についても私が数年来講義で言及して来た日本思想の「原型」の問題は、これ以上進まないだろう。」(4)

〈「内」なるなにものか〉

丸山は、普遍の思想が日本に入ってくるときに「「内」なるなにものかがそれを変容させ」て日本化させる、その〝普遍を日本化させるなにものか〟のことを「文化一般における日本的修正主義の原動力」と規定し、当初は「原型」と名付けた。

丸山は、さまざまな機会に、日本の思想の顕著な特徴として「普遍」という観念(イデー)との無縁性(普遍という観念を知らないこと)を指摘する。しかも、日本の思想はすべてを「内」なるものと「外」なるものに分ける傾向があるとも指摘する。

したがって、中国、欧州の普遍の思想に接すれば、それは「外」なるものとしてしか受け止めない。つまり、「内」「外」を超えたもの(＝普遍)という受け止めができない。したがって、それを受容するに当たっては、「内」なるものとして変容を加えた上で、ということになってしまうのである。

その結果はどうなるか。いつまでたっても「普遍」は日本に定着しない。日本人は新しい思想にはすぐ飛びつくが、すぐ放り捨てる。その繰り返しである。

敗戦後、普遍である「デモクラシー」が日本に入ってきてからの遍歴を見ればいい。当初こそ歓迎されたが、後には「戦後民主主義」というレッテルが貼られ、もはや「古くさい」として見向きもされなくなるというわけだ。こういう例は枚挙にいとまがない。

以上は私の理解である。正確を期して、丸山の発言を紹介する。

「儒仏が日本に入って来るまでは日本は「道」―つまり普遍的なイデーという観念を知らなかった。こうして儒仏などの教義から近代のイデオロギーにいたるまで、普遍的なものがいつも外から入ってきたために、内と外とが特殊と普遍に結びついて、内＝特殊、外＝普遍という固定観念になる。……しかも日本はそういう外来文明をただウノミにしたのではなくて、「内」なるなにものかがそれを変容させて、いわゆる仏教の日本化、儒教の日本化が行なわれる。このなにものかというのがクセモノで、それは宗教や思想の領域だけでなく、文化一般における日本的修正主義の原動力になっている。……このなにものかが……民族的な等質性の持続ということと密接な関連があることはあきらかです。……この「外来」の普遍的イデーと「原型」との間の相互作用が、維新以来は、欧米文明の日本的修正による摂取という形でひきつづき行なわれるわけです。」（5）

〈「原型」→「古層」→「執拗低音」〉

丸山が「原型」から「古層」、さらには「執拗低音」へと「「内」なるなにものか」を表す表現を変えた理由については、丸山に語ってもらうしかない。

「最初、一九六三年の講義（＊著者注）ではprototype「原型」と言ったんです。……「原型」といいますと……なにか古代に日本人の世界像が決定的に定まってしまったというような非常に宿命論的な響きがするでしょ。……少なくもそういう誤解を招く。そこで今度は……表現を「古層」に変えたわけなんです。「古層」というと、これは地層学的な比喩です。……「古層」というと、後々の時代まで、深層をなしているわけで、時間的にとっくの大昔に決まってしまったという感を与える「原型」に比べると宿命論的な色彩がより少ない。大地震でもあれば、「古層」までひっくりかえってしまう可能性もあるわけです。それからまたある時代に深層が地上に隆起してくるとか、いろいろな可能性があり、それだけ思想史のヴァリエーションを説明しやすい、と考えたのです。ところが、政治意識の「古層」を外国で発表した時、もう一度表現をかえてbasso ostinatoとしました。……現在では比喩としては一番これが適当だと思っています。低音部に出て執拗に繰り返される音型です。それではなぜ表現として「古層」を、もう一度変えたのかというと、日本はマルクス主義の影響がとくに歴史の分野では非常に強いですから、「古層」というとマルクス主義の「土台」ないし「下部構造」……と混同されるんです。……マルクス主義の場合には「土台」ないし「下部構造」が究極的に上部構造を制約する。……古層がそれと混同されると、究極的には「古層」が日本の思想史を制約するということになってしまう。これは私の意図とは、くいちがってくる。単に、時間的にいって相対的に一番古く、したがって地層の一番下にある層にすぎないわけですから。その上にいろんな層が積み重なっているだけのことです。「究極的」原因という意味はない。……basso ostinatoというのは執拗に繰り返される低音音型ですから、ひとつの音型があって、それがいろいろ姿をかえて、繰り返し出てくる。……日本思想史でいうと、主旋律は主として高音部に現われる「外来」思想なのです。ところが儒教・仏教・功利主義・マルクス主義……そういう外来思想がそのまま直訳的にひびかないで、日本に入って来るとある「修正」を受ける。それはbasso ostinatoとまざり合ってひびくからです。そこで、こういう外来思想を「修正」させる考え方のパターンを「歴史意識」「倫理意識」「政治意識」、その三つの面から考えてみようというのが私の意図です。」(6)

＊著者注
丸山は1963年の講義といっているが、『丸山眞男講義録』には1963年の講義は収められていない。ただし、1964年冬学期の「東洋政治思想史」講義は、第一章「思考様式の原型」(講義録④)として取り上げている。

また、『丸山眞男講義録(別冊一)』は、1956年度講義録において、「清明心(あかきこころ)、清浄性(きよきこころ)を中心価値においた古神道の伝統的な考え方が……仏教的な慈悲の思想を包摂している」とある箇所を、丸山が後に、「清明心、清浄性を中心価値とする原型を思想的に自覚しようとする試みが、仏教的な慈悲の観念……と結合しているのを見ることができる」と書き直したことを指摘している。

〈大学の講義〉

前項で紹介した「日本思想史における「古層」の問題」における発言の最後において、丸山は「歴史意識」「倫理意識」「政治意識」の三つの面から、外来思想を「修正」させる考え方のパターンを考察するとして、執拗低音が歴史（時間）、倫理及び政治の三領域にかかわることを提起している。

丸山が執拗低音を三つの面で把握するに至った経緯を理解するには、彼が行った1964年から67年に至る大学での講義が参考になる。というのは、丸山はこの4年間の講義で、常に執拗低音にかかわる問題から説き起こしており、三つの執拗低音の扱い方の変化・変遷を窺うことができるからである。

◇1964年

丸山は一「基盤」で「開国」にかかわる問題を取り上げている。二では倫理意識と歴史意識にかかわる問題、三では歴史意識と政治意識にかかわる問題をそれぞれ取り上げている。三つの執拗低音は截然と区分されるには至っていない。(7)

◇1965年

この年は概括的に取り扱っている。(8)

◇1966年

第一節は「開国」にかかわる問題を扱い、第二節で歴史意識と倫理意識にかかわる問題、第三節は政治意識にかかわる問題を扱う。1964年と異なり、政治意識にかかわる問題は、歴史意識にかか

わる問題と切り離して扱われている。執拗低音に関する三分類はまだ行われていない。(9)

◇1967年

この年の講義は、丸山の問題意識がはじめて総合的に反映された構成になっている。すなわち、第一節で「開国」に関係する問題を扱い、第二節一で歴史意識、同二で倫理意識、そして第三節で政治意識にかかわる問題をそれぞれ扱っている。ただし、「歴史意識の「原型」」及び「倫理意識の「原型」」というタイトルは講義では立てられておらず、丸山がノート欄外に後筆したという解説がある。また、政治意識に該当する箇所は「政治的諸観念」という表現をとっている。(10)

以上の4年間の講義の構成の変遷において注目を要するのは、「歴史意識」「倫理意識」「政治意識」にかかわる三分類を明確に提示するのは1967年になってからのことであるということだ。それまでは「倫理関係+歴史関係、歴史関係+政治関係」(1964年)から「倫理関係+歴史関係、政治関係」(1966年)への変化がある。もう一つ注目されるのは、丸山の執拗低音に関する考察が、特に政治意識にかかわる部分で試行錯誤、段階を経たことを窺えるということだ。

政治意識と他の二つの意識の扱い方が異なる理由について、丸山は何も説明していない。私が考え得るのは次のことだ。素人の推量に過ぎないことを断っておく。

歴史意識と倫理意識は、階級社会が生まれる前の未開社会(原始共産制社会?)でも発生しうる。しかし、政治意識は未開社会が階級社会の段階に入らないと生まれようがない。ところが階級社会は引き続き未開社会のカテゴリーに含まれうるのか、という問題も出てくる。政治意識はこれらの問題とかかわるので、丸山の中でもなかなか整理がつかなかったのではないだろうか。

〈歴史意識の執拗低音〉

丸山の歴史意識の執拗低音にかかわる問題意識は早くからのものである。

◇「既成事実への屈服」

丸山は早くも1945年に東京裁判における被告たちの自己弁解について、「既成事実への屈服」及び「権限への逃避」という「大きな論理的鉱脈に行きつく」と指摘した。ちなみに、「権限への逃避」は政治意識の執拗低音にかかわる問題であり、後で取り上げる。

既成事実への屈服は、すぐ後に紹介する日本人の「現実」観から生まれる一態様である。既成事実に弱く、すぐ頭を垂れてしまう傾向を鋭く指摘したものだ。今日においても、私たち日本人が既成事実に弱く、これに屈する傾向が強いことを誰もが認めるだろう。

「(東京裁判の)被告の千差万別の自己弁解をえり分けて行くとそこには二つの大きな論理的鉱脈に行きつくのである。それは何かといえば、一つは、既成事実への屈服であり他の一つは権限への逃避である。(中略)

既成事実への屈服とは何か。既に現実が形成せられたということがそれを結局において是認する根拠となることである。……ここで「現実」というものは常に作り出されつつあるもの或は作り出され行くものと考えられないで、作り出されてしまったこと、いな、さらにはっきりいえばどこからか起って来たものと考えられていることである。「現実的」に行動するということは、だから、過去への繫縛のなかに生きているということになる。従ってまた現実はつねに未来への主体的形成としてでなく過去から流れて来た盲目的な必然性として捉えられる。」(11)

◇「現実」

「既成事実への屈服」の心情を生み出す日本人にとっての「現実」とは何を意味するかについて、丸山は、「所与性」、「一次元性」、「権力性」の三点に整理した。実に的確で、今日の日本人の多くにとって図星である。「恐れ入りました」というほかない。

ただし、丸山の意図は、私たち日本人がこうした「現実」観を払拭し、「観念論」(今日では「理想主義」)というレッテル貼りの非難にたじろがないで、現実を変えるという断固とした行動に出ることを促すことにある。

なお、丸山は別のところでは「現実」の本質を「可能性の束」という絶妙な表現で表し、「現実」にかかわる執拗低音の働きを克服する手がかりを私たちに与えている。

「私達日本人が通常に現実とか非現実とかいう場合の「現実」というのはどういう構造をもっているか……。

第一には、現実の所与性ということです。……現実とはこの国では端的に既成事実と等置されます。現実的たれということは、既成事実に屈服せよということにほかなりません。現実が所与性とか過去性においてだけ捉えられるとき、それは容易に諦観に転化します。「現実だから仕方ない」というふうに、現実はいつも、「仕方のない」過去なのです。……ファシズムに対する抵抗力を内側から崩して行ったのもまさにこうした「現実」観ではなかったでしょうか。……戦後の民主化自体が「敗戦の現実」の上にのみ止(や)むなく肯定されたにすぎません。……「仕方なしデモクラシー」なればこそ、その仕方なくさせている圧力が減れば、いわば「自動」的に逆コースに向うのでしょう。

……さて、日本人の「現実」観を構成する第二の特徴は現実の一次元性とでもいいましょうか。

……現実の一つの側面だけが強調されるのです……

……第三の契機(は)その時々の支配権力が選択する方向が、すぐれて「現実的」と考えられ、これに対する反対派の選択する方向は容易に「観念的」「非現実的」というレッテルを貼られがちだということです。……われわれの間に根強く巣喰っている事大主義と権威主義がここに遺憾なく露呈されています。……昔から長いものに巻かれて来た私達の国のような場合には、とくに支配層的現実即ち現実一般と看做され易い素地が多い……。こうした現実観の構造が無批判的に維持されている限り、それは過去においてと同じく将来においても私達国民の自発的な思考と行動の前に立ちふさがり、それを押しつぶす契機としてしか作用しないでしょう。……私達は観念論という非難にたじろがず、なによりもこうした特殊の「現実」観に真向から挑戦しようではありませんか。そうして既成事実へのこれ以上の屈服を拒絶しようではありませんか。そうした「拒絶」がたとえ一つ一つはどんなにささやかでも、それだけ私達の選択する現実をヨリ推進し、ヨリ有力にするのです。これを信じない者は人間の歴史を信じない者です。」(12)

◇日本の歴史像の原型

丸山は最終的には、歴史意識の執拗低音を「つぎつぎとなりゆくいきほひ」と形容する。しかし、1967年の講義では、「日本の歴史像の原型」をなすものとして、「なりゆく」と「いきほひ」の二つについて説明するにとどまっている。

―「なりゆく」―

キー・ワードの一つである「なりゆく」について、丸山は次のように解説している。

「生成と生殖は、自然的な時間の流れにおいて起る出来事である。それが死滅に優位するということは、いいかえれば、自然的時間の流れ、その傾向性についてのオプティミズムということになる。自然的時間の経過において万物が生成活動し、増殖する世界は、永遠不変なものが有る（Sein）世界でも、滅びを運命とする虚無（Nichts）の世界でもなくて、まさに「成りゆく」（Werden）の世界である。」(13)

―「いきほひ」―

もう一つのキー・ワード「いきほひ」については、丸山は次のように解説している。

「ますます増殖するというオプティミズムがともなうから、「世の中のなりゆき」が一時的には不利に見えても、基本的には肯定され、なりゆきに任せる態度への傾斜が生れる。この自然的時間の中に具わる momentum が……「勢」である。勢がいい人間、元気な人間というような場合には、いきほひは人間精神に内面化され、内から外への発露として主体的にとらえられるが（多元的なものからの選択ではない）、時勢・情勢・世界の大勢というような発想において、世の中のなりゆきへの追随としても現われる（いきほひの両面性）。人間にも事物にも、世の中にも「いきほひ」の自然的な傾斜があるというわけである。歴史のなかに「タマ」＝生命＝エネルギーが宿り、それが内在的必然性をもって発展するという意味でのいわば勢の必然史観（史的唯物論の受容形態にも意外に深い背景がある）。歴史は人間（われわれ）がつくるものであり、歴史的現実や状況はわれわれが起すものというよりは、われわれの外にあるどこからか起ってくるものであり、如何ともすべからざる勢の作用であるという考えに傾きやすい。「大東亜戦争肯定論」↓しかたがなかった、必然だったという含み。」（同）

丸山はこの講義の中で、日本人によく見られる傾向である「時勢（時流）への追随」「世界の大勢（を見て態度を決める）」も、「いきほひ」のなせるところと解説を加えた。

また、欧米や中国では、歴史は人間が作るものだという認識であり、したがって歴史的状況に対して働きかけるという態度が生まれる。しかし日本人の受け止め方は、「我々の外に勢いが起こり、如何ともすべからざる力として作用する」ものである（勢の必然史観）という違いが起こる。丸山は以上の説明も加えている。

◇「つぎつぎになりゆくいきほひ」

歴史意識の執拗低音に関する丸山のもっとも突っ込んだ分析は1972年の「歴史意識の「古層」」における叙述だ。ここでは「つぎつぎに」といういまひとつのキー・ワードについても説明が加わっている。

「日本の歴史意識の古層をなし、しかもその後の歴史の展開を通じて執拗な持続低音としてひびきつづけて来た思惟様式のうちから、三つの原基的な範疇を抽出……（する）ならば、「つぎつぎになりゆくいきほひ」ということになろう。念のために断っておくが、筆者は日本の歴史意識の複雑多様な歴史的変遷をこの単純なフレーズに還元しようというつもりはないし、基底範疇を右の三者に限定しようというのでもない。こうした諸範疇はどの時代でも歴史的思考の主旋律をなしてはいなかった。むしろ支配的な主旋律として前面に出て来たのは……儒・仏・老荘など大陸渡来の諸観念であり、また維新以降は西欧世界からの輸入思想であった。ただ、右のような基底範疇はこうして「つぎつぎ」と摂取された諸観念に微妙な修飾をあたえ、ときにはほとんどわれわれの意識をこえて、旋律全体のひびきを「日本的」に変容させてしまう。そこに執拗低音としての役割があった。（中略）

古層における歴史像の中核をなすのは過去でも未来でもなくて、「いま」にほかならない。われわれの歴史的オプティミズムは「いま」の尊重とワンセットになっている。過去はそれ自体無限に遡及しうる生成であるから、それは「いま」の立地からはじめて具体的に位置づけられ、逆に「なる」と「うむ」の過程として観念された過去は不断にあらたに現在し、その意味で現在は全過去を代表（re-present）する。そうして未来とはまさに、過去からのエネルギーを満載した「いま」の、「いま」からの「初発」にほかならない。未来のユートピアが歴史に目標と意味を与えるのでもなければ、はるかなる過去が歴史の規範となるわけでもない。……「今も今も」は、たえず動きゆく瞬間瞬間を意味しながら、同時にそれが将来の永遠性……の表象と結びついている点で、まことに日本的な「永遠の今」――ヨリ正確には「今の永遠」――を典型的に示すものであろう。」（14）

◇まとめ

丸山が「つぎつぎになりゆくいきほひ」と言い表した歴史意識の執拗低音を私流に言い表してみる。過去（歴史）・現在（現実）・未来（理想）に関する日本人の受け止め方は極めてユニークである。つまり、日本人にとっては「いま」がすべてである。過去はいわば「干からびたもの」、未来はいわば「後は野となれ山となれ」の類いの当てにならないもの、という受け止めが支配する。

したがって、「歴史を学ばないものはその歴史を繰り返す」（ワイツゼッカー）あるいは「歴史を以て鑑と為す」（中国）という受け止め方は日本人にとっては「なじみがない」ものである。また、「理念の実現に向かって歩みを進める」べき未来（理想）という受け止め方も日本人とってはやはり「なじみがない」ものだ。

日本人にとって「現実」が持つ意味は圧倒的に大きい。日本人における「現実」の特徴的な要素として、丸山は現実の所与性、一次元性、権力性の三つを指摘した。

現実の所与性とは、「現実だから仕方ない」と受け入れてしまうこと（「既成事実への屈服」）だ。現実の一次元性とは、本当の現実は「可能性の束」として私たちが選び取る対象として存在するはずなのに、今ある支配的な側面だけが強調されることである。そして、現実の権力性（支配権力が選択する方向性）とは、「お上」の決めたことには逆らえないと受け入れてしまうことを指す。

歴史教科書検定問題における当時の文部省の行動は、歴史意識の執拗低音の働きによるものだった。文部省が、「外交的配慮」という歴史的事実とはおよそ無関係な「基準」で、記述内容に「手加減」

を加えることに応じた行動のことだ。

つまり、文部省にとって、「いま」（アジア諸国の怒りを鎮めることが至上解題）をやり過ごす・乗り切ることがすべてだった。そのためには手段を選ばない。「史実」に手心を加えることに何の逡巡・躊躇もなかったのだ。ここには、彼らの歴史意識のいい加減さが余すところなく露呈している。

また、中曽根が胡耀邦との「個人的信頼関係」を恃んで靖国公式参拝を強行したのも、彼が歴史をいかに軽んじる意識の持ち主であったかを如実に示している。文部省及び中曽根の行動は、「いま」がすべてという歴史意識の執拗低音が彼らの思考を支配していることを示す例証に他ならない。

〈倫理意識の執拗低音〉

◇早くからの問題意識

丸山が後に「倫理意識の執拗低音」を表す言葉として指摘することになる「きよき心」及び「集団的功利主義」に対する関心は早くからあった。そのことは、次のように書き残していることから知ることができる。

―「きよき心」―

「明治初年の自由民権運動、ジャーナリストの抵抗には投獄を当然のこととし、投獄をむしろ誇りとする気風があり、それは民衆の心理のなかにもあった。そこで合法性のワクをひろげる努力、政府投獄の措置そのものを批判し改善する方向には十分発展しなかった。「来れ牢獄、絞首台」の伝統。

日本人の行動評価。

うつくしき心、きよき心、あかき心↕きたなき心
ピュリティの尊重から、正反対の行動様式がでて来る。

i　あるイデーや目的意識をもって対象をコントロールする努力、操作の意味、結果への顧慮と責任、手段の較量、そこから出て来る現実との「妥協」がけいべつされる。「純粋な動機」をもって行われた行動は、その目的やイデーの内容的評価をこえて賞讃される。ここからは心情的ラヂカリズムとマキアヴェリズムの同居がでて来る。なぜなら手段の軽蔑はどんな手段をも是認させることになるから。

ii　目的意識をもって系統的に出来事を組合せ、価値判断すること、――つまりあらゆるイデオロギー的判断をすることはすなおでないとして排斥される。ここからは逆に主体的決断のない、現実の流れのままにという機会主義がでてくる。（昭三十一）」(15)

――「集団的功利主義」――

「日本の場合。

原理への忠誠が伝統化しない風土においては、思想と行動にたいする価値規準は、（イ）主観的動機の純粋さ（きよきこころ）と、（ロ）特定集団へのコンフォーミティ（集団的功利主義）――その場合、集団や組織が客観的なものと考えられる――との二方向に分岐する。（イ）（ロ）の価値規準をともに満足させる行動は、自己の属する特定集団のために純粋な（無私の）献身をささげることにある。」（同

―「状況変化に対する適応性」―

また別の機会には、日本人の倫理意識に「状況変化に対する適応性」という特徴があることについて次のように指摘していた。

「時勢に対して断固として普遍的な理を守るという態度は非常に弱い。これが、雪崩を打って転向するということと関係があるわけです。……状況変化に対する適応性というものにも現れる。つまり状況追随主義になっても現れるし、状況変化になっても現れる。（中略）

今までわれわれには模範国があった。これはさっきいった地理的条件。模範国から非常に高度の文明を輸入してきた。模範生というのは学習能力はあります。解答を出す能力はあります。模範答案をつくる能力はあります。残念ながら自分で問題をつくる能力は弱い。人が出してくれた問題を解くのは実に得意です。これはゴールの問題で言いますと、目標を人から与えられたら、さっきの勢ですね、エネルギーですごく張り切る。戦争というと一億火の玉になります。……これを目標達成能力と言うんですね。しかし目標は自分でつくるんじゃないんです。目標は外から与えられるわけです。戦争とかオリンピックとか。そうするとみんな張り切っちゃうんです。日本の会社のすごい生産力というのはそこなんです。……「きよきこころ」「あかきこころ」で会社に奉仕する。自分で目標を設定するんじゃない。」（16）

◇集団的功利主義

丸山は、「原型」について講義（１９６４年）で最初に取り上げた際に、日本人の「行動の価値基準」

として指摘したのが「集団的功利主義」である。丸山は次のように説明している。『自己内対話』における記述をさらに精緻化している。

「日本の原型的思考様式における善悪は、外から自己の所属する共同体に福利や災厄をもたらすもの……と結びついて、共同体に益あるいは害を与えるものという集団的功利主義的な価値基準を含んでいる。善は自己の共同体に益になるもの、悪は自己の共同体に外から害を与えるもののことなのである。功利主義というのは本来、一切の事物や権威を個人の幸福という基準で裁く、きわめて主体的な個人主義なのだが、ここでは集団への奉仕から離れた（所属集団と同一方向にない―背向《そむ》く行動としての―後筆）個人的利益の追求は、まさにこの特殊な「功利主義」のゆえに、厳に排斥される。」(17)

私は外務省時代に「年次」というある意味摩訶不思議なグループに所属していた経験を記した。丸山のいう集団的功利主義の最たるものと言うことができる。

◇心情の純粋性

丸山がこの講義で、日本人の「行動の価値基準」として二番目に指摘したのは「心情の純粋性」である。「キヨキココロ」「キタナキココロ」だ。丸山は次のように説明している。

「純粋な心情の発露は美しいものとして評価が高く、客観的規範に違反した行動でも純粋な気持ちから出たものはよい。逆に、行動効果を考慮した行動は〝ズルイ〟とされがちである。心情の純・不純は感覚的な浄・不浄で表現される。……この心情の純粋性という規準は、好意の自己の共同体への現実的作用の利害という規準と結びついていた。」（同）

私自身外務省で働いていたとき、仕事でミスを犯したものについて、「あいつのしたことは間違っている。しかし、彼の取り組みは真摯だったことは認めてやる必要がある。」としてかばう発言を何度も耳にした覚えがある。

◇集団的功利主義と心情の純粋性の結合

丸山は、1967年の講義で、集団的功利主義と心情の純粋性が結合した純粋な服従と献身が日本社会ではもっとも高い評価の対象となることを、次のように指摘している。

「特定共同体（もしくはその代表者としての首長）にたいする、アカクキヨキ心をもってする純粋な服従と献身は、……二つの価値基準をともに満足させるので、もっとも評価が高い……。」(18)

私が外務省時代に体験した、中曽根のブレーンとの惨めな体験も、アジア局長たちにとっては、ブレーン（というよりその背後にいる首相・中曽根）に対する「純粋な服従と献身」だったわけだ。

◇「倫理意識の執拗低音」

丸山は大学の講義で毎年倫理意識にかかわる説明を加えていた。しかし、倫理意識の執拗低音に関して、丸山がまとまった考え方を示したのは、大学を辞めた後に記した論文においてであった。倫理意識の執拗低音とは何ものかを正しく理解する上で不可欠なものである。大要を紹介する。

「要するに、善・悪に関係する神々が登場する『古事記』の段落には、善と悪との絶対的な対立よりも、両者間の機能的な関係、そして一方から他方への移行を重視する思考様式が底流している。「人間性が本質的に善か悪か」という問題は孟子と荀子との間に有名な論争を引きおこしたが、日本の倫理想の歴史では古代以来、真剣な考察の対象とならずにきた。……

……私が論じたいのは、……『古事記』の表現が一対の枢要な言葉に関係するかぎりでの、倫理的観念である。それは、きよき［＝清潔な、純粋な］心 vs. きたなき［＝穢れた、不正な］心のペアであり、後世の神道家が「日本精神」を代表するものとして頻繁に引照したものである。……この一対は「日本精神」ではないとしても、少なくとも前に私がふれた意味における執拗低音のいくつかである。……

……かくて日本の倫理的判断の伝統では、行為者がしたことへの責任よりその動機にいっそう重きを置く、というのは言い古された命題である。

……日本人の純粋さや清潔さへの好みや尊重もたいへんよく知られている。きよき心ときたなき心の対立に私がふれるとき、……ここで問題なのはむしろ、心の純粋さに対するこの好みや尊重の構造である。それは先に紹介した、実質的よりも機能的な善・悪の定義といかに関係しているだろうか。

（中略）

本居（宣長）は『古事記』で使われている古代日本語では、人の心に関する純粋さと汚さの規準がまったく普遍主義的ではなく、その判断は敵対するどちらの側に味方するかに依るということをよく知っていた。要するに人が清く明るい心をもっているか、あるいは汚い穢れた心をもっているかは、人が自分を同一化する特定共同体という点からみて定義されるのである。その規準は高度に政治的で特殊主義的である。

私はこの規準をさしあたり集団的功利主義 collective utilitarianism と呼びたい。善は特定の共同体にとって有用なものであり、悪はその共同体に禍害をもたらすものである。日本的倫理意識の執拗低音に関して、ただ純粋さの好みや誠実の尊重だけを強調すれば十分だと私は考えない。なぜならそうした動機づけの側面は、本性上高度に特殊主義的である集団的功利主義という、もう一つの規準と密接に関連しているからである。……純粋な心は、欺瞞的手段が敵あるいは自分の属する共同体のよそ者に対して向けられる時には、そうした手段を使うことと矛盾するものではないのである。（中略）
日本的倫理意識の執拗低音を明らかにするためには、こころの構造を最低限でも論じる必要があろう。
古代日本人のマインドmindでは、こころは人体にやどる霊（たま）（あるいはひ）である。さて霊（ひ、たま）は我々の宇宙に遍在しているものである。……たまはその不断の活動によって特徴づけられる。……この関連で、古代日本人がこころをその絶え間ない活動という点でも考えていたのは、ごく自然である。そしていったんこころがその観想的な面でよりも、作用的・動的な面で定義されがちになると、感情や意図が、知的・規範的判断よりもこころの性質を代表する。たとえこころがこれらすべての機能［mind/will/heart］を含んでいるとしてもである。（中略）
第一に、もし純粋なこころが感情の自発的発露という点から定義されるとすれば……自分が属している共同体あるいは集団（それが民族、御家、会社、宗教結社など何であれ）に対する心情的で一途な献身は、その共同体の内部で最高の評価を得てきたし、いまも得ているということである。そうした行為は、……内部的と外部的という二つの規準（すなわち純粋さの尊重と集団的功利主義）を同時に満たすだろうからである。

第二に、純粋なこころは、必ずしも政治的あるいは社会的共同体と結びつかないことが注意されねばならない。……前述したこころの構造を与件とすれば、人はこころの活動領域をそうした公的事象に限ることはできないからである。こころが倫理的用語よりも、「純粋で清い」vs.「汚く醜い」といった美的用語で定義される傾向があるかぎり、そしてまた規範的判断よりもむしろ、絶え間ない運動や活力ある流れが決定的な役割をはたすかぎり、純粋なこころの爆発がもっとも現われやすいのは、まさに愛、とりわけ性愛の領域においてであった。

この意味で清き心の尊重は、たしかに普遍主義的であった。……それは彼らの日常生活を縛ってきた政治的・社会的義務をさえ無視するのである。」(19)

◇まとめ

倫理意識の執拗低音とは、もっぱら行動に当たっての動機（内心の動き・「純粋であるかどうか」）が問題視されることを言う。丸山は早くから、日本人の行動評価の基準として「きよき心」と「きたなき心」を指摘していたが、後にこれを倫理意識における執拗低音と位置づけた。私なりの言葉で表すと次のようになる。

欧州、中国においては、自らの行動が正しいかどうかを判断する基準は客観的・外的に存在すると観念される。すなわち、「普遍」である。それは、唯一神、真理、歴史的法則などだ。言うならば、自らの行動を映し出す鏡が外にある。

しかし、日本においては自らの行動が正しいかどうかを判断する基準は自分自身の内なる「動機」、すなわち主観に属する。極言するならば、外から見て正しいかどうかは問うところではない。

しかも、次に述べる政治意識における執拗低音から分かるとおり、日本では今日も基本的に、「下」に立つ側が「上」に立つ側に対して尽くす」集団だ。そういう上下関係が支配する集団の中では、滅私奉公に徹するか否かが評価のポイントとして重視されることとなる。丸山が「集団的功利主義」と名づけるものである。

私が外務省勤務時代に経験した二つの不合理な事件では、以上の倫理意識の執拗低音が働いていたことが分かる。すなわち、私が、中曽根のブレーンたちの理不尽な要求に抵抗したことも、アジア局長の「江戸の敵を長崎で」式の仕打ちに抗命したことも、彼ら（ブレーン及びアジア局長）から言わせれば、滅私奉公に徹しない私は倫理意識の執拗低音に忠実でない「許しがたい行動」と見なされたということだ。

〈政治意識の執拗低音〉

丸山の大学における講義では、政治意識の執拗低音に関する取り上げ方が年度によって異なる印象を受ける。しかし、このことによって、丸山の政治意識の執拗低音に対する関心が薄かったがごとき結論を出すとしたら間違いである。

丸山は早くから、政治意識の執拗低音にかかわるテーマについて発言を行っている。丸山が1967年の講義で「「政治的諸観念の「原型」」として本格的に論じる前の段階で取り上げた事例としては、「権威信仰」、「大勢順応」、「抑圧委譲」、「権限への逃避」がある。

◇「権威信仰」

前に、「易姓革命」の中国と「万世一系」の日本との違いについて触れたことがある（32頁）。丸山はこの違いを生む日本人特有の意識を「権威信仰」と名づける。

「客観的価値の権力者による独占ということから権威信仰は生れる。……良心的反対者を社会がみとめていないということである。シナの儒教思想にはまだしも価値が権力から分離して存在している。即ち君主は有徳者でなければならないという所謂徳治主義の考え方で、ここから、暴君は討伐してもかまわぬという易姓革命の思想が出て来る。ところが日本の場合には、君、君たらずとも臣、臣たらざる可からずというのが臣下の道であった。そこには客観的価値の独立性がなかった。」(20)

上司（ボス）がいくら理不尽であっても、下の立場にあるものはこれに忠義を尽くす。さすがに今日では、そういうことに従うべきではないという認識が社会的に広がってはいる。しかし、年齢層が高くなるに従い、無意識に権威信仰の世界に身を置いている人はまだ少なからずいるのではなかろうか。言葉としては死語となりつつあるが、「組織人間」に徹する人はまだ少なくないと思われる。

◇大勢順応

「大勢順応」については歴史意識の執拗低音として説明した。だが、大勢順応が権威信仰と結びつくと、みんなが動かないもとでは「生活保守」にもなるし、何かのきっかけ（勢）で物事が動き出すと、それに乗り遅れまいとする「時勢順応」にもなるわけである。大勢順応は政治意識の執拗低音という性格を併せ持っている。これもまた、今日の日本社会でもしばしば見受けられることについては、誰も異論ないだろう。

「個人が権威信仰の雰囲気の中に没入しているところでは、率先して改革に手をつけるものは雰囲気的統一をやぶるものとしてきらわれる。これがあらゆる保守性の地盤となっている。従ってそこでは変化を最初に起すことは困難だ。しかしいったん変化が起りはじめるとそれは急速に波及する。やはり周囲の雰囲気に同化したい心理からそうなる。しかもその変化も下から起ることは困難だが、権威信仰に結びつくと急速に波及する。したがって一つのイズムを固守するという意味の保守主義はあまりない。日本の保守主義とは時々の現実に順応する保守主義で、……この現実の時勢だから順応するという心理が日本の現在のデモクラシーをも規制している。……デモクラシーが内容的な価値に基礎づけられないで、権威的なものによって上から下って来た雰囲気に自分を順応させているだけである。保守性と進歩性がこうした「環境への順応」という心理で統一されている。こういうデモクラシーは危っかしいデモクラシーである。何故なら情勢によるデモクラシーであり上から乃至外から命ぜられたから「仕方がない」デモクラシーだから、情勢がかわり或いは権力者がかわれば、いつひっくり

返るかわからない。」（同）

◇「抑圧委譲の原則」

丸山はさらに、権威信仰から派生する病理現象として「抑圧委譲の原則」を提起した。「上役から圧迫をうけるとそれに黙って従ってその鬱憤を下役に向ってはらす」ということだ。今日でも日常的に起こっている現象であることは誰でもうなずくだろう。

「権威信仰から発生するところの日本社会の病理現象を若干あげてみよう。

……二、抑圧委譲の原則。……客観的価値の独立している社会では上官が不当な圧迫を加えた場合、下位者はその客観的価値の名に於て、世論にアピールしたり、上位者に抗議したりする。ところが、権威信仰の社会では、それができないので、上役から圧迫をうけるとそれに黙って従ってその鬱憤を下役に向ってはらす。これが抑圧委譲である。……国際関係に於ける政治心理にも抑圧委譲の原則があらわれる。政治的自由のない社会ほど対外的発展に国民が多く共鳴する。抑圧された自我が国家の対外的膨張にはけ口を見出し、自分自身が恰も国家と共に発展して行くような錯覚を起す。」（同）

丸山は、抑圧委譲の対外的表れの事例として、南京大虐殺を挙げている。多くの日本人兵士が南京城内に逃げ込んだ大勢の無辜の中国人を無差別大量に虐殺するのに加担した。

日本軍国主義が批判されるべきは当然である。しかし、「チャンコロ」意識に染まった日本人兵士が日頃の鬱憤を中国人に向けて爆発させた側面があることを忘れることは許されないと、私は思う。

◇権限への逃避

丸山は、東京裁判の戦犯たちが自らの戦争責任を否定する主張を行う際にこぞって展開した、責任を他に転嫁し、なすりつける行動を、「権限への逃避」と指摘した。

戦犯たちは、第二次大戦遂行において重要な役割を担ったとして、極東裁判で責任を追及された。しかし、彼らは、「自己にとって不利な状況のときには何時でも法規で規定された厳密な職務権限に従って行動する専門官吏になりすます」(21)ことによって、自らの政治責任を否認した。

私もかつては官僚のはしくれだった。問題が起こると、「上」に立つ者たちが「厳密な職務権限」を持ち出して自ら責任を負うことを回避するのに汲汲と慌てふためく無様な場面に何度も出くわしたことがある。うまくいくときは自分の手柄、まずくなると「自分にはどうすることもできなかった」という職務権限にかかわる逃げ口探し、というパターンである。

◇「二重支配構造」

丸山は1967年の講義において、「記紀(古事記・日本書紀)などの古代資料に現われた政治的(イデオロギー)教義ではなくて、そうした政治についての抽象的教義を受容する基盤となった、統治関係についてのむしろ非自覚的な発想、政治的集団形成の原初的パターン」を、「政治的諸観念の「原型」」として提起した。

そこで丸山が注目するのは、「まつりごと」及び「しらす」・「きこしめす」である。

「まつりごと」に関しては、丸山は記紀における「政」「政事」の用法を詳細に分析して、「まつる」

＝「奉」を意味すると指摘した。つまり、「政の内容は、……「下から上へ」の奉仕」ということだ。これに対して、「しらす」「きこしめす」は元首の「君臨」の意味であることを、丸山は明らかにする。その上で丸山は、「日本における統治形態の伝統的パターン」は、統治権の帰属者と実質的な権力行使者による二重支配にあると指摘した。

統治権の帰属者と実質的な権力行使者による二重支配構造は、今日でも、日本の伝統的な「ボトムアップ」型組織に広く見られることである。これは欧米的な「トップダウン」型組織と異なる日本の組織の特徴であることは広く知られている。

ただし、丸山が「まつりごと」ではなく、この二重支配構造を「政治的諸観念の「原型」」と提起したことに、私は違和感を覚える。歴史意識の執拗低音（原型）が「つぎつぎとなりゆくいきほひ」、倫理意識のそれが「きよき心（きたなきこころ）」であることを想起するとき、二重支配構造を「原型」と規定することはどう見ても不自然である。

このことは、丸山が１９６７年当時も「政治意識」という取り上げ方をしていなかったことと重ね合わせると、丸山がまだ政治意識の執拗低音については留保感があった可能性を示唆するように思われる。

◇「翼賛体制」

私の収集した丸山の発言の範囲でいうと、丸山が政治意識の原型（執拗低音）は「まつりごと」であると指摘したのは、講義が行われてから10年以上経ってからである。彼は日本の組織が翼賛体制の集団所属主義であることを説明する中で、「政治意識の原型」に言及し、「日本の「原型」指向は「翼賛体制」なんです。これは下から同方向的に翼賛するという政事《まつりごと》なんです」と述べた。以下はその一節である。

「現在いろいろな形で出ている、これからもおそらく執拗に出てくるのは……「集団所属主義」あるいは〝みんなでやっていこう〟というやつです。……これは政治意識の「原型」とも関係するわけですけれども、つまりリーダーシップ志向というものが、日本の「原型」のなかからは出てこないんです。日本の「原型」指向は「翼賛体制」なんです。これは下から同方向的に翼賛するという政事《まつりごと》なんです。政事というのは「祭り事」といった意味ではなくて捧げ物をすることなんです。……サーヴィスを上級者に献上するのが政治です。治者と被治者が同じ上の方向を向いているんです。被治者といえばみんなが被治者なんです。どうしても翼賛型になって、治者と被治者が反対の方向に向き合わないわけです。……集団的な「上昇奉仕型」の低音は強い。逆にいうとリーダーシップは弱い。……ですからナショナル・インタレストに立って、全体の経済活動を統合していくことは会社エゴイズムによってはばまれてうまくゆかない。」(22)

◇「まつりごと」

政治意識の執拗低音「まつりごと」について、丸山が詳しく解説したものは次の文章である。丸山は、祭政一致が国体という伝統的主張は誤りだと指摘した上で、1967年の講義で述べた内容をさらに敷衍した。

なにゆえに「まつりごと」が政治意識の執拗低音であるか。丸山は、欧州や中国における「政」は「上から下へ」であるのに対して、日本の「政事」は「下から上へ」である点で極めて珍しいことを強調する。この執拗低音が現代日本のさまざまな組織においても健在であることは、さまざまな事例が示すところである。

「政治意識におけるバッソ［・オスティナート］について一言だけ言うなら、マツリゴト——昔はこういう字［(黒板に書く) 政（『日本書紀』）］を書いたんです。ある時代以後は、神道家のイデオロギー——大体伊勢神道、つまり北畠親房ぐらいから——で、日本では、これ［政］も、これ［(黒板に書く) 祭］もマツリゴト、つまり祭政一致が日本のイデオロギーだ、日本の国体なんだという考え方が神道家の間にできて、明治以後までずっと続くわけです。

ところが僕の考えだと、例えば記紀とか八世紀の使い方を調べると、これは間違いだということがわかるわけです。つまりこれ［祭］は宗教的なことでしょ。だいたい、こういう字が出てこないんです。いわゆるマツリゴトに当たる言葉はいろいろな字［祭・政］で言われますが、これ［(黒板に書く) 齋］はイミ［忌］ゴトとか、イハヒ［祝］ゴトとか、いろいろな言葉で言われるんです。イツキゴトという呼ばれ方をすることもある。この字［政］は出てこない、出てくるのが大体鎌倉以降でしょうね。この字［齋］を使うのが一ヵ所あります。しかしこれだとマツリゴトとは読めないでしょ、どうしたって。ですから、それ［祭政一致］はある時期以降からのイデオロギーだということがわかる。……マツリゴトは決してお祭りのことをいう意味じゃないんですよ。まつるっていうのは、最も完璧な例でいうと、『万葉集』にたくさん出てくる「豊御酒まつる」。お酒を差し上げる［ということで、この場合］トヨミキマツル、まつるというのは、差し上げる、献上することなんです。……つまりまつって差し上げる、神や仏に差し上げることなんです。だから、しいて漢字に訳すなら、献上事（まつりごと）なんですね。

……政治が、下から提示されているという、非常に世界の文化でも珍しい例なんです。ヨーロッパでも中国でもガヴァーンってのは、上から下へなんです。だからセイ［政］ということの字は上より下へ下るものなりという、ちゃんと定義があるんですよ。『国語』という中国の史書がありますが、それに〝政は上より下に下るものなり〟という定義がある。これはガヴァーンと同じなんです。

……上ってのは支配階級という意味じゃないんですよ、そういう実体的な意味にとっちゃいけない。上下関係は機能的なものだから、相対的に上とか下とかという意味ですから。政治は、上から下へというのが当たり前でしょ、統治だから。」(23)

◇まとめ

政治意識における執拗低音とは、欧州、中国における政治が「上から下へ」（英語のGOVERN、中国語の「政」）であるのに対して、日本における政治（マツリゴトすなわち政事）は「下から上へ」であるということだ。今日でも日本社会の隅々まで強く根を張る「お上」意識は、この政治意識における執拗低音の働きによるものに他ならない。

「上から下へ」という政治意識のもとでは、ひたすら暴力に訴える極端な場合は別として、「上」に立つ側は自らの統治を「下」に立つ側に納得させ、受け入れさせる必要性に迫られる。欧州、中国においてさまざまな統治にかかわる理念、原理、思想が唱えられてきたのには理由がある。

また、ある時代の「上」に立つ側による統治が破綻するとき、その統治は断絶させられ（革命）、あるいは交代させられる運命にある。

しかし、「下から上へ」という政治意識が支配する日本では、もっぱら「下」に立つ側が「上」に立つ側に対して尽くす、献上するだけだから、政治上のいかなる理念、原理、思想も生まれようがない。「上」に立つ側の頂点は天皇であり、「万世一系」神話が生まれるのは、優れて政治意識における執拗低音の働きに基づくものであることが理解される。

政治意識における執拗低音が生み出す日本社会の病理現象として丸山が指摘したのが「抑圧委譲の原則」と名づけたものである。つまり、「上」のものから無理難題が押しつけられるとき、「下」のものは逆らうことができず、鬱憤が蓄積する。その鬱憤は自分より「下」のものに対して発散する以外にない。

外務省を含めた日本社会の「親米」体質について説明するとき、私がよく用いるのは、敗戦後の日本では、頂点としての「お上」が天皇からアメリカに代わっただけのことだということだ。また、日中友好21世紀委員会における中曽根ブレーンたちの無理難題に当時のアジア局長等が「ご無理ごもっとも」と従う意識の働きも同じである。

私が外務省の伝統・価値観に染め上げられていたならば、局長からの無理難題を押しつけられた鬱憤を課員に向かって発散させていただろう。幸い私はそういう伝統・価値観から解放されていたので、抑圧委譲の原則とは無縁だった。ボス的存在の弊害については自明であり、多くを語る必要もないだろう。

私は今でも、政治意識の執拗低音は健在だと思わされることがしばしばある。それは、自然災害に遭遇した被災者がテレビのインタビューで漏らす発言である。行政に何を期待しますかという質問に対して、ほとんどの被災者は「○○していただけたらありがたい」と答える。「お上」意識がもろに伝わってくる言葉である。「お上」の温情・恩恵に与りたいというわけだ。

「中国は共産党独裁だ」と思い込んでいる人たちは、中国の被災者たちが迅速な対応がとれないでいる当局者にくってかかる様子（テレビでよく取り上げる光景だ）を怪訝に思うのではないだろうか。当局者を「お上」ともなんとも思っていない様が伝わってくるからだ。

中国のことわざに「鼓腹撃壌」がある。「（老人が口にものをほおばりながら）腹づつみをうち足踏みをする」という意味だ。中国の『十八史略』に出てくる、中国の伝説で名君の誉れが高い堯の善政のおかげで、人々が平和な暮らしを送っている情景を描いたくだりで出てくる。天下太平を例える言葉だ。

私は常々、このエピソードは為政者に対する日本人と中国人の意識の違いを理解するのに好適な材料だと考えている。端的に言えば、日本人の「お上」意識は中国人には無縁であるということだ。ことわざは、（堯の善政による）天下太平に力点をおく意味で用いられる。しかしこのエピソード自体は、①堯は自分の統治がうまくいっているのかどうかが心配で、お忍びで市井視察をする、②そこで、老人が以上の行動をとりながら、「帝力何ぞ我に有らんや」（皇帝の力など私に関係があろうか、いや、ない）とうそぶく、③それを見て、堯は自分の統治がうまくいっているのを確認し、安心する、という情景を描いている。

つまり、このエピソードは、「易姓革命」の国・中国における統治の本質を描き出しているとも言える。すなわち、支配者（皇帝）の命運は統治の成否にかかっていること（失敗すればひっくり返される運命にあること）、また、被支配者（老人）には支配者を恐れ敬う気持ちはなく、「お上」意識など生まれるはずがないということだ。「帝力何ぞ我に有らんや」に中国政治の本質があるとも言えるだろう。

ちなみに、日本にも似た情景を描いた和歌がある。「高き屋にのぼりて見れば煙立つ 民のかまどは賑わいにけり」である。しかし、ここからは民の肉声は聞こえてこない。また、この和歌は天皇の仁政に対する賛歌という解説がある（谷知子『天皇たちの和歌』。著者によれば、仁徳天皇ではなく、藤原時平が詠んだ歌だそうだ）。政治意識の執拗低音「捧げる」、「万世一系」思想とも符合する。

もう一言蛇足を。日本では、中国共産党政権の中国では人民が盲従を強いられている、というイメージが先行している。天安門事件、最近の香港民主化運動を見ると、「やっぱりな」となる。また、日本共産党綱領改定の理由の一つに、人権を認めていない中国共産党・中国は社会主義国ではないという判断がある（257頁）。

中国は後で取り上げる。ここで強調しておきたいことは次のことだ。「歴史を以て鑑となす」は中国共産党も肝に銘じている。失政を犯し、人心が離れれば、中国共産党も過去の支配者の運命を免れることはできない、という認識は習近平指導部も胸に刻んでいることを私は確信する。

習近平が「人民当家作主（人民が家の主人）」「以人民為中心（人民を中心となす）」をしきりに強調するゆえんはここにある。習近平政権の方が安倍政権よりも何百倍も「民主（民が主）」の理念を実践していると、私はあえて断言する。

もう一言言わせてほしい。欧州起源の抽象的「人権」は中国にとってなじみが薄いことは確かだ（ただし、「尊厳」については後述する）。中国においてもっとも強調されるのは、生身の人間の生存権である。私が常々言うことは、「人権・デモクラシーは普遍的価値だ。しかし、人権・デモクラシーは（国ごとに）さまざまな顔を持つ」ということだ。私たちのモノサシで中国の善し悪しを一方的に断定することは厳に慎むべきであると私は言いたい。

（二）　石田雄の批判

以上縷々述べてきたとおり、丸山の執拗低音に関する問題意識は極めて明確である。しかるに、私の知る範囲では、数多い丸山研究の中で、この問題意識を本格的に取り上げて論じているものは多くない。

私は、「丸山眞男」がタイトルに含まれている本は、目にとまる限り買い求めてきた。私の手元にある本の中で、原型、古層、執拗低音を取り上げているものを、出版年代順にまとめると以下のようになる。私が目にしていない本で執拗低音を本格的に取り上げているものもあるかもしれない。あくまで、私の手元にある本の中で、ということを再度断っておく。

○加藤周一・日高六郎『同時代人　丸山眞男を語る』（1998年8月15日）：加藤周一は、「7　バッソ・オスティナートの理論」で次のように述べている。

「私自身はいまご紹介した丸山さんの考え方（執拗低音）に賛成ですが、ただ、表現の仕方はちょっと違います。丸山さんははっきりと、いろいろな個別の例を挙げていますが、私は少なくともある程度まではっきりした形で、外国から文化あるいは思想が入ってくると、それが日本で変わる、日本化される、その日本化の方向に共通性があると思っています。……その点では、丸山さんのバッソ・オスティナートの理論はあまりはっきりしていない。けれども、示唆はしています。……示唆はしているけれども、それを体系的に追求していないということです。」

私は加藤周一にずいぶん影響を受けた者の一人だ。しかし、執拗低音に関する加藤の以上の指摘は納得しない。丸山は日本人の「未開社会」「未開民族」性の表れが執拗低音であるとしている（36頁）。したがって、「日本化の方向に共通性がある」という加藤の捉え方は丸山が共有するところではない。したがってまた、その点に関する「示唆」もあり得ない。「体系的に追求していない」という加藤の批判に至っては、的外れと言うほかない。

○長谷川宏『丸山眞男をどう読むか』（2001年5月20日）：第四章・日本政治思想史で、『丸山眞男講義録』を取り上げ、歴史意識、倫理意識及び政治意識の「原型」論ないし「古層」論に重点を置いて批判的に論じる。
○大隅和雄・平石直昭編『思想史家　丸山眞男論』（2002年7月30日）：水林彪「原型（古層）論と古代政治思想論」、末木文美士「〈原型＝古層〉から世界宗教へ」を収録する。
○水谷三公『丸山真男―ある時代の肖像』（2004年8月10日）：終章・天皇と美学における「天皇制」と「執拗低音」。
○田中宏和『ポケット解説　丸山真男の思想がわかる本』（2007年1月23日）：『市民のための丸山真男ホームページ』を主催する筆者による、「この本の動機と目的は、読者を丸山真男の読者に誘うこと」とする入門書。第3章「古層論への序章」。
○田中久文『丸山眞男を読み直す』（2009年3月10日）：「はじめに」で、「本書は……主に丸山が「本店」とした、日本政治思想史に関する業績において書かれた主体性の思想を、時代を追いながら解明し、その思想的可能性について考えていこうとするものである。したがって、「夜店」についての論述は最低限に抑えてある」とある。
私は、初期の丸山の問題意識が「主体性」にかかわるものだったとする著者の指摘には同意する。しかし私は、丸山の戦後の問題意識の重点は「未開民族」日本人の「開国」という課題に向かったと考えている。
○遠山敦『丸山眞男―理念への信』（2010年7月1日）：第三章・「古層」論の概要―「日本的な歴史主義」の意識化、第四章・「古層」論に基づく仏教理解。

私が以下で取り上げるのは、丸山の高弟であり、「正統と異端」の研究会を丸山と約40年にわたって続けた石田雄である。石田は、丸山の執拗低音にかかわる研究を繰り返し「勇み足」と断じている。私の手元にあるものでは、石田の批判は『丸山眞男と市民社会』（1997年）及び『丸山眞男との対話』（2005年）に詳しい。

〈『丸山眞男と市民社会』〉

石田は、国民国家に対する丸山の接近方法には三つの系列があると指摘する。すなわち、第一の系列は「日本に近代的要素の萌芽をみようとした徳川期から明治を対象とする研究系列」、第二は「戦後、「超国家主義の論理と心理」に始まる」もの、そして第三が、1960年代半ば頃から始まる「原型―古層―執拗低音」という系列である。石田は、この第三の系列は『日本の思想』（岩波新書）で示唆された傾向の延長線上に、日本人の思惟構造の原型を遡ってみていこうとするものだと指摘する。そして以下の指摘が続く。

「まず、端的に、もっとも問題があると思われる箇所を引いておきたいと思います。「古層」論文（集⑩「歴史意識の『古層』」1972年）のなかの一節です。「われわれの『くに』が領域・民族・言語・水稲生産様式およびそれと結びついた聚落と祭儀の形態などの点で、世界の『文明国』のなかで比較すればまったく例外的といえるほど等質性を、遅くも後期古墳時代から千数百年にわたって引き続き保持して来た、というあの重たい歴史的現実が横たわっている」。（中略）

しかし、……この一節は、近代日本の国民国家における、つくられた伝統としての等質性の神話というものを後期古墳時代まで遡らせたという点で、明らかに丸山にとって勇み足であったと私は思います。……一つには、「基底還元主義」というものに陥らないという一般的な警戒のほかに、丸山自身この危険性を警告していることから、丸山自身の考えに従って考えても、これはやはり勇み足とみることができるのではないかと思うからです。

丸山は「完結的イデオロギーとして『日本的なもの』をとり出そうとすると必ず失敗する」「けれども外来思想の『修正』のパターンを見たらどうか。そうするとその変容のパターンにはおどろくほどある共通した特徴が見られる」、つまり完結したイデオロギーと変容のパターンは区別される、自分は変容のパターンを論じているのだから、自分の警告した失敗には陥らないのだ、ということを言っているわけです。しかし、どうもこの区別は、私には充分説得的とは思えない。さらに気になるのは、他の場所で「原日本的世界像というものを強いて図示すると」こうなるという言い方をしています。およそ「原日本的世界像」などという表現に接すると、私のように1930年代以後の軍国主義日本のイデオロギーに一度ひきずりこまれた経験を持つ者は著しい抵抗感を禁じえないわけです。（中略）

元来、この第三の系列の研究は、ある意味では第二の系列、つまり超国家主義の問題究明の延長として大日本帝国を破局に導いたそもそもの原因を探っていくことに、その動機をもっていたのです。しかし、それが〝日本的なもの〟を極めようとする営みとなったときに―丸山自身は、普遍性と対置される特殊性ではなくて〝日本の個体性〟を指摘するのだと言ってはいますが―「古層」で明らかにされたその特徴的な思考様式は、いわば宿命的なものになってしまいかねない。つまり、この思考様式が時間空間的に限定された大和朝廷という特定の時代、特定の場所においてつくられた伝統、あるいは『古事記』『日本書紀』などによってつくられた伝統であるとして相対化される場合には、なお十分に将来の危険が防がれるわけですが、そういう相対化を伴わない場合には、ある種の文化的決定論として宿命論に落ち込む危険性をもっていると思います。」

私は、石田のこの発言が丸山の死後1年も経たず(1997年2月)に行われたことに、ある意味ショックを受けた。私には石田の発言を専門的に批判する知識も能力もない。しかし、すでに紹介した丸山自身の発言を踏まえて、次の点は指摘しておかなければならないと思う。

石田が以上の発言を行った時点では、石田は私が第三章の最初で紹介する丸山の1979年6月の発言(24)に接していなかったと思われる。丸山のこの発言から明らかなことは、彼の執拗低音(及び開国)に関する研究が文化人類学等をも視野に入れた、新しい視点・アプローチに基づく研究であるということだ。つまり、国民国家に関する研究系列に属するものとする石田の性格づけは的を射ていないと言わざるを得ない。

そうであるとすると、石田が「ある種の文化的決定論として宿命論に落ち込む危険性」と指摘した点にも疑問が出てくる。丸山が執拗低音と開国に関する研究で明らかにしようとするのは、石田も認めているように、「外来思想の『修正』のパターンを見たらどうか。そうするとその変容のパターンにはおどろくほどある共通した特徴が見られる」という、外来文化摂取に際して繰り返されてきた

「日本の個体性」という歴史的事実の発見についてである。それを、国民国家の研究系列に属するという前提に立って「宿命論に陥る危険性がある」と批判するのは失当だと思われる。

〈『丸山眞男との対話』〉

石田は、2004年8月の講演のために準備した原稿で、戦後の日本社会が「多元的に自主的集団が展開するという（丸山の）期待」が実現せず、①社会の底辺における前近代性現象（例：「村八分」）、②「近代社会における組織的な機能分化が同時にタコツボ化として現れるという近代と前近代との逆説的な結合」（例：革新政党、労働組合、農協等における組織の中心に向けた忠誠の一元的集中や異端の排除）、③「超近代的要素としての大衆社会化が前近代的要素と結びつくという新しい困難」（例：通信過多による不感症、領土問題における情動的な排外主義）等、「世論が完全に一方へ流されてしまう……時代」に直面した丸山が、そういう時代に「最も必要なのは、確固とした文化の基準なんです。そしてそれは、精神的貴族だけが提供できるんです」と述べたことを紹介しつつ、丸山が「確固とした文化の基準」及び「精神的貴族主義の担い手」の問題を提起するに至ったことを紹介する。その後、次の文章が続く。

「しかし、丸山のその後の研究の展開はこの方向を推し進めるよりは、むしろ1959年の「開国」論文当時から意識された「文化接触」を焦点とした比較の視点を強めて、歴史をさかのぼり、日本の思想の「個体性」（「特殊性」とは違う）を究明する「原型」「古層」から「執拗低音」論への方向を示しました。この「古層論」への方向が丸山にとって「勇み足」の結果を生んだのではなかったかという私の疑問については、今日の主題から離れることになりますので、ここで触れることはひかえます。

なお丸山自身は自分の回想の中では1963年から70年代への自分の研究を連続的なものとしてとらえていますが、私の感じとしては、60年代の講義録にみられる「古層論」は明らかに思想史の土俵の中での扱い方であるのに対し、70年代に入ってから特に書かれたものよりも語られたものの中には文化的決定論に近づいた「勇み足」の危険性がみられます。この変化は何に由来するものでしょうか。

この点に関して仮設的な私の考えをつけ加えれば、丸山が70年代に近代日本の個人と社会の関係という現実的課題への関心を弱め、歴史をさかのぼって文化的決定論に近づいていったことには、丸山を病気と退職においこんだ60年代末の大学における苦い体験と、丸山の眼には末期的と映じた精神状況に関する悲観的な見方が関係しているのではないかと思われます。（中略）

ともあれ、丸山自身この「古層論」への方向の限界を自覚してそこから撤収し、彼が「本店」と呼ぶ思想史の土俵にもどって、1980年の「闇齊学と闇齊学派」という晩年の金字塔によって新しい方向を示すことになります。」

2004年といえば、2000年1月に『丸山眞男手帖』第12号が丸山眞男の1979年6月の発言を掲載した後であるから、石田はこれを当然読んでいたはずである。しかし石田は、彼が『丸山眞男と市民社会』で展開した丸山の「勇み足」とする「疑問」については「主題から離れる」ので触れないとしながら、やはり「文化的決定論に近づいた「勇み足」の危険性」とする1997年に行った批判をそのまま繰り返す。そして、その原因として「丸山を病気と退職においこんだ60年代末の大学における苦い体験と、丸山の眼には末期的と映じた精神状況に関する悲観的な見方が関係している」という「仮設的な」考えを示すのである。

〈丸山の問題意識の所在と石田の批判〉

石田の批判は、執拗低音に関する丸山の問題意識（「日本思想史でいうと、主旋律は主として高音部に現われる「外来」思想なのです。ところが儒教・仏教・功利主義・マルクス主義……そういう外来思想がそのまま直訳的にひびかないで、日本に入って来るとある「修正」を受ける。それはbasso ostinatoとまざり合ってひびくからです。そこで、こういう外来思想を「修正」させる考え方のパターンを「歴史意識」「倫理意識」「政治意識」、その三つの面から考えてみようというのが私の意図です」）に対するものではない。石田の批判は、「執拗低音」という思考様式を提起することが秘める、「宿命論」「文化的決定論」に陥る危険性の指摘である。私は、この点を正確に見分けることが重要ではないかと考える。

私がこの本で明らかにしたいと思っているのは、現代日本政治のありとあらゆる分野で執拗低音が働いている、という紛れもない事実だ。私は、執拗低音の働きを無視して日本政治を解明・説明するいかなる試みも皮相的にならざるを得ないといっても過言ではない、と確信している。したがって、丸山の問題意識の正しさは石田の外形的批判によって否定されるものではない、とも確信する。

ちなみに、石田が批判した「宿命論に陥る危険性」という問題に関しては、丸山自身も十分に自覚していた。そのことは、丸山の以下の発言で確認できる。

「日本思想史はたんに外来思想のつなぎ合わせで、その間に「日本的なもの」はないのかというと、そうではない。それが低音に執拗に繰り返される音型と私が呼んだものです。これが未来永劫続くというのではありません。しかし、日本の地理的条件とか、……日本民族の等質性（ホモジェニティ）に支えられて、文化接触のこういうパターンはまだ当分続くのではないでしょうか。」(25)

それだけではない。丸山が執拗低音について力説するのは、執拗低音という下意識の世界を不断に意識化することによってはじめてそれを克服することが可能になるとする、尖鋭な問題意識によるものだった。丸山は次のように強調しているのである。

「これまで長く日本人を取り巻いてきた自然的条件は、テクノロジーの飛躍的発展により急速に変化しつつある。いまやわれわれは、世界の中にある日本を自覚しなければならないときにまで至っている。このときにあたり、われわれが自らの思考様式に内在する被規定性を自覚しないならば、主体性と信じているものが、じつは形を変えた鎖国主義、あるいは絶望的悲観主義となりかねないであろう。そしてその自覚こそが、一種の居直り的伝統主義か、さもなければ宿命的悲観主義とかいう、悪しき二者択一に堕することから、われわれを救ってくれるのである。」(26)

丸山の以上の叙述は直接的には「内」「外」意識について述べた延長線上にある。しかし、「自らの思考様式に内在する被規定性」とは、単に「内」「外」意識だけではなく、広く執拗低音を指していると見て間違いないと思う。石田の丸山批判は、丸山のこの尖鋭な問題意識に対する認識が欠落していることに起因していると思われる。

この点について丸山は、「〝ミネルヴァの梟は夕暮れになって飛びたつ〟という命題を、日本の思想史にあてはめれば、……日本の過去の思考様式の「構造」をトータルに解明すれば、それがまさにbasso ostinatoを突破するきっかけになる」(27)と述べていることもつけ加えておきたい。

〈丸山の1980年代の発言〉

もう一つ、「丸山自身この「古層論」への方向の限界を自覚してそこから撤収し、彼が「本店」と呼ぶ思想史の土俵にもどって、1980年の「闇齊学と闇齊学派」という晩年の金字塔によって新しい方向を示すことになります」という石田の指摘についても、私は大きな疑問がある。

なぜならば、丸山は1980年代に入ってからも、晩年に至るまで繰り返し、執拗低音にかかわる発言を行っているからだ。丸山が執拗低音について限界を自覚し、そこから撤収したとする石田の指摘は、事実に徴してもまったく当たっていない、と言わざるを得ない。

石田の指摘が失当であることを明らかにする意味合いも込めて、丸山が1980年代に行った、執拗低音に関する発言を紹介する。

◇歴史意識の執拗低音

歴史意識の執拗低音にかかわる1980年代の丸山の発言としては、日本人の死生観及び目的意識性の欠如(自然成長性の裏返し)にかかわるものがある。

―死生観―

丸山は、第二次大戦中に喧伝された「死の賛美」は日本の国民性を表すという俗説を痛烈に批判した。彼は、万葉・古今の和歌を引きながら、「いま」に生きるという歴史意識の執拗低音の働きを明らかにしている。

「例えば、死を讃美するということが日本の国民性であるということがよく言われます。……しかし死の讃美がはたして日本の国民性と言えるのか……。万葉集の中にこういう歌があります。「生けるものついにも死するものにあれば、いまの世のある間《ま》はたのしくおわらな」……。どうせ皆死ぬんだから、せいぜい現世をエンジョイしようじゃないか、と。これはおよそ死の讃美から遠いものですね。現世に対するエンジョイの態度です。……これは万葉ですから大変古いのですが、少し下りまして今度は平安時代をとってみます。有原業平が……死ぬのを覚悟して詠んだ歌であります。「ついにゆく道とはかねて聞きしかど　きのうきょうとはおもはざりしを」これも有名な歌です。誰でも死ぬ、だから自分もどうせ死ぬんだと思ったけど、まさか昨日、今日とは思わなかった。その、いざ、病気になって死に直面したときの狼狽ですね、人間の、—それが非常によく出ていますね。……そういうふうに、死の讃美というものが日本の思想の国民的伝統であるということは、到底言えない。」(28)

—目的意識性と自然成長性—

私たちは「終戦」といい、「敗戦」とはいわない。それは優れて当時の戦争指導者の責任回避の意図に出たものだ。しかし、私たちもすぐに慣れ親しむ。それは優れて「なる」意識（歴史意識の執拗低音）のなせる技だ。丸山の以下の発言は、歴史意識の執拗低音が私たちの思考の奥底で私たちを規定していることを分かりやすく説明している。

「目的意識性がまさにないということが日本的なんです。レーニンの言葉を使えば、自然成長性なんです。したがって、目的意識に基づいて理想国をつくっていく、これに基づいて現実を変革していくというユートピアの思想が日本には非常に乏しい。目的と言っても目標と言ってもいいんですが、目標設定能力がいちばん低いんです。次に、目標選択能力が乏しい。これは、政治音痴が多いということなんです。……目標が決まると、がぜん張り切るんだ。……目標を上から設定されると、その目標に向かって全員協力する。目標達成能力、アウトプットはすごく大きいわけです。ということは、逆に言うと目的意識性というのが非常に弱い。自然に「なる」という自然成長性とはまさにそれなんです。目標設定に対する目的性のなさを示している。

だから、「戦争になりました」なんですよ。「戦争をしました」と言うと、責任の問題になっちゃう。「つくる」というのが、いちばん目的意識性が強い。だから、こっちの端に「つくる」がある。反対側の端に「なる」があるんだ。目的意識性がいちばん少ない。」(29)

◇倫理意識の執拗低音

倫理意識の執拗低音に関する丸山の1980年代の発言には、キヨキココロに関するものと集団的功利主義に関するものがある。(30)内容的にはすでに紹介した範囲を超えないので省略する。

◇政治意識の執拗低音

政治意識の執拗低音に関する丸山の1980年代の発言には、鶴見俊輔等との対談の中で語ったものがある。(31)内容的にはこれまでに紹介した範囲を超えるものではないので省略する。

〈晩年まで旺盛だった「夜店」発言〉

正直に言うが、「丸山が70年代に近代日本の個人と社会の関係という現実的課題への関心を弱め、歴史をさかのぼって文化的決定論に近づいていったことには、丸山を病気と退職においこんだ60年代末の大学における苦い体験と、丸山の眼には末期的と映じた精神状況に関する悲観的な見方が関係しているのではないか」という石田の発言には強烈な違和感を覚える。丸山死後間もないときに行われた批判的発言をあわせ思い起こすとき、この発言からは丸山の尊厳に対する冒涜の気配すら感じる。

そもそも、丸山の執拗低音に関する中心的な文章である「日本思想史における「古層」の問題」が発表されたのは1979年10月だ。石田が「金字塔」と賞する「闇齊学と闇齊学派」は1980年だから、ほとんど時間的間隔はない。

また、東大早期退職(1971年)から世を去る(1996年8月15日)直前まで、丸山がさまざまな場所で行った発言を読むとき、「本店」(思想史)だけにとどまらず、丸山が「夜店」と称した現実政治の分野においても、彼の活発な言論活動にいささかの衰えも窺うことができない。それどころか、日本の政治状況に対する彼の透徹した数々の発言に、私は驚かされ、深く学ばされるのだ。

石田の「丸山批判」の負の影響を払拭するため、丸山政治学は晩年まで衰えを知らなかったことを確認するため、より根本的には丸山の尊厳と名誉を回復するため、執拗低音というテーマからは脱線するが、憲法、9条、自衛権、自衛隊に関する丸山の発言を紹介しておく。ちなみに、これらの問題に関する私の考え方は後で取り上げることにしている。丸山の発言を心にとめておいてもらいたいという気持ちもある。

◇憲法

以下の発言に示される丸山の考え、判断は、私の憲法観そのものである。丸山が憲法とポツダム宣言の関係について本格的に論じたことは、私の記憶の限りではないと思う。しかし、「主権在民がいかに画期的なことかは、ポツダム宣言受諾の過程を見れば一番はっきりする」という短い発言から、丸山の認識は私の認識（178頁）と同じであると、確信を持って言える。

「その当時の権力を握っていた層が大体どんな考えを持っていたかは、最初の（憲法の）政府草案を見てもわかるわけです。マッカーサー草案が出たときに僕らがびっくりしたといいましたが、彼らにとってはその何倍もの、想像を絶する困惑なんですね。ですから、新憲法は彼らの実感にとってまさに「押しつけ」であって、のちの改憲というのは、それを本音に近いほうに戻すという動きなんです。

……支配層にとっての戦後の憲法問題は、三段階あると思います。第一期が、占領軍がいるから甚だ不本意であるが忍従するという、忍従期。第二に、改憲企図期、第三が、既成事実容認期、たとえば、第九条のように自衛権の解釈を変えていく。実際、自民党政府は、これまで現憲法の精神を滲透させることはまったくしていない。逆に自民党は党の基本方針としては現在でもやはり改憲を明記しています。

国民の側も長期安定政権のもとで経済成長を遂げ、憲法が出たときの新鮮な感覚がなくなってしまっている。それが問題です。その問題が一番よく現れているのが、象徴天皇制をめぐる議論なんです。そもそも日本は昔から象徴天皇だったのではないかという議論がある。明治憲法はプロシアの絶対主義的憲法を真似て天皇の大権を大きくしたけれど、あれはむしろ例外であって、古代は別として摂関政治以後はずっと「君臨すれど統治せず」であった。だから、象徴天皇制は昔に帰っただけだという議論をする学者が結構います。しかし、昔から人民主権原則はありましたか。人民の自由意思によっては共和政にだってできるのだ、という思想的伝統がありましたか。おふざけでない、といいたい。こういう議論自身、いまの憲法の初期の瑞々《みずみず》しい精神がいかに失われたかの証左です。

ですから、今度の昭和天皇の逝去は、憲法の問題を考える非常にいい機会になったと思います。……昭和をふりかえれば、どうしても、戦争責任問題だけでなく、戦後の「原点」が問われざるを得ない。主権在民がいかに画期的なことかは、ポツダム宣言受諾の過程を見れば一番はっきりする。日本政府が最後までこだわったのは「国体護持」で、八月十日の政府の回答では、最後に条件をつけた。……国体護持というのは、天皇が主権者だという原則を意味していたのです。」(32)

◇9条：ヴァンガード的な理念

9条がなにゆえに「ヴァンガード的な理念」なのか。伝統的な国家にとって「戦争」は「政治の延長」であり、「政策遂行手段」として、いわば国家固有の権利だった。その権利を放棄するということは正に「国家の定義を変える意味」が含まれているということだからである。

丸山はつとにこの認識を示している。(33)以下の発言は、その後の国際政治軍事情勢を踏まえた上でなお、丸山が9条に対する確信にいささかの揺らぎもなかったことを示すものである。

「「戦後民主主義」の世界におけるヴァンガード的な理念はなにかといえば、私は憲法第9条がまさにそうだと思います。これはもうヴァンガードです。だって国家の定義を変える意味が含まれていますからね。今までの国家の定義だったら、日本憲法は日本は国家ではないといっているんです。つまり武装しない国家は歴史的に言ってこれまでないわけです。だから、外国が攻めてくるとお手あげじゃないかとすぐいいますね。日本が新憲法の理念をかざして、お前の方こそ古い観念にしがみついているんだと、列強に精神的攻勢をかける以外にないんです。しかも現実に、国家の定義を変えていく条件は熟してないかといえば、熟しているんです。アメリカとソ連は相手の国を完全に破壊するのに必要な核武装の何十倍の核武装をもっているんです。それでもなおナショナル・セキュリティを保障できないということは、今や核時代に入ると、武装力がかつてのように国家を防衛する機能をもたないということを暴露しているわけです。……そうすると軍備にたよって国の安全を守るという観念が実は古くなってしまっている。われわれの思考のほうが現実よりはるかに遅れている。むしろ憲法第九条というものは、非常に前衛的な意味があるんですから、それを掘り下げたらいいのです。戸締まりがなくてどうするのか、ときかれたら、じゃあ、どの位戸締まりをすれば安全なんですか、と逆にききかえせばいいんです。」(34)

◇国民(人民)の自衛権

丸山は一貫して、9条は国家の自衛権を否定しているが、国民の基本的人権（生存権）として、あらゆる権力（自国の権力を含む）から自らを守る国民の自衛権を否定するものではないとする立場から発言している。(35) ただし、暴力を含むあらゆる手段で自己防衛するか、非暴力の立場に立つかは個人個人の選択にかかるという。

「戦争＝暴力」「平和＝非暴力」がいわば「常識」になっている「日本的通念」からすると、丸山の主張は突飛な印象を与えるかもしれない。しかし、以下の文章を読めば、丸山の透徹した立場を理解することができる。

「(「先生は国民的生存権と言われています。国家の自衛権とは別に国民の自衛権―人権としての、という考え方ですね」という質問に対し)そういう考えですね。僕は国家と国民とは区別するという……。政府に対しても、外国に対しても。……つまり治者に対して国民が武器をとっても抵抗する権利―僕はそれも基本的人権だと思いますね。

ただ、論理的に言うとそうだ、というだけであって、……つまり日本国民が国民としてまとまって独立して生存するということを抹殺する権利は、他のいかなる国家及び国民にもないということ。そういう意味で日本国民の基本権ではないでしょうか。

結局、あらゆる権力に対してだから、国民の自己武装権ですから、自国の政府が例えば基本的人権を侵し、そして法の支配を抹殺したときに、人民は武力をもってしても、その政府を倒す権利があると、僕は思いますね。

（「外からの侵略に対して武装抵抗も可なり、と」との質問に対し）可なり、というか、原理的にはあり得る。ただ政策的にどうか、ということは別問題です。例えば、そういうことをやっても有効でないとか、逆に権力に利用されるとか—それも現実的な考慮でしょ。そのレベルで考察されるべき問題です。つまり外国からの支配と権力からの支配とを同じレベルで見る、というのが基本なんです。……

外国の権力に対する抵抗と同時に自分の国の権力に対して—もちろん自分の国の権力が法の支配を侵したときには、したがって、或る意味には無政府状態に戻っちゃうわけで、ホッブスの言う自然状態です—あらゆる手段をもって自分を守る以外にない。つまり法を逸脱した権力は暴力である、という基本的認識を持たないと話にならないんだな。どうして政府が権力を行使できるんですか。アレは正当な法の手続きによっているからギャングの暴力と区別されるのであって、正当な法秩序によらなければアレは単純暴力なんですよ。法の手続きを逸脱した瞬間に。その場合に次の問題は、単純暴力に対して無抵抗主義でいくか、それとも、こっちも暴力を含むあらゆる手段で自己防衛するか、ということはなお残る。これはトルストイの問題だ。僕もトルストイに組したいけれどもね。これが本当の無抵抗主義の問題になってくるんです。

何のために政府に服従するのかというのは社会契約説の根本問題なんです。われわれはどうして政府に服従する義務があるのか、という問題ですね。つまり、人民の間で契約を結んで……各人から自然的暴力の行使権を取り上げて、いわば国家に集中させる。そのかわり、国家がひどいことをしちゃいけないからルール・オブ・ローで暴力の使用を厳重にチェックする。何のためかといえば、自分の個人の権利を保証するためですから、その暴力が侵害したら解除されちゃう——社会契約が解除されちゃうから何やってもいいということではなく、——原理的には。」(36)

◇自衛隊

丸山は9条が国家の自衛権を否定していると明快に断じる。しかし、1990年に湾岸危機が起こり、自民党を中心にして軍事的国際貢献論が出る状況を前にして、なし崩しの既成事実が進行することを警戒する立場から次の発言を行っている。

「〔今、若手の小沢なんかが言い出しているのは、集団的自衛権を認めるところから一気に海外派兵まで認めちゃえ、憲法改正するのが一番いい。と。それがいやなら憲法の解釈を変えちゃえ、というところまで一気に行こうということですかね」という質問に〕それは、……現実問題として、憲法改正は三分の二を要するから、到底できない。それと、世界の現実とどう調和するかというと、今までの議論を変えていく以外にないんですね。そういう国際的な現実と国内で憲法改正が通らないという現実と、二つの現実をよく見れば、それを両方を美化しようとしたら、ああ言うより外ない。

そういう場合、どうやってその議論をやっつけるか。政治だから論戦でしょ。大義名分を持ってやっつける。自衛隊は実際に危険があると思うな。既成事実になりますから。いつの間にかまた、日本の国家の自衛権みたいになっちゃって、ズルズルべったりに。すると国家の自衛権として自衛隊がジャスティファイされるという危険が非常にあると思うな。今の〔事態に〕瞬間的にうまいことを言っているだけなんですから。だから僕は絶対ダメだと言っている。国籍離脱が無理なら、ぎりぎりの現実論は、……自衛隊を二つに分けて、国連協力隊と今までの自衛隊と。僕は今までの自衛隊というのはおかしいと思うけれど、実際あるんだから。ごちゃごちゃになっちゃダメですよ。きれいに分ける。国連に自発的に協力する、自衛隊員でなくても。自衛隊法を改正しないでできるかは、法律家と議論しないと分からないけれど。(「政府は国連平和協力法案を国会に出そうとしているわけですから」との発言を受けて)その中に国連から要請があった場合―アメリカじゃダメですよ、安保理事会じゃなければ―のことを考慮して、自衛隊の一部に国連協力隊を置く、という一条を設けるんですよ。(「常備軍を国連に置くということじゃないんですか」との質問を受けて)それが一番いいですよ。僕はそれに賛成だ。だけど、現実論はそこまでいかない。国連協力隊法案の中にその一条を入れる。今の自衛隊を二つに割って、一つを国連協力隊と名付けると。国連協力隊には自衛隊員以外も参加できるというのがあれば、なおいい。そうすると国連軍に近づくから。」(37)

三　開国

（一）丸山眞男の日本政治思想史の骨格

私は、丸山眞男の日本政治思想史研究の成果を学ぶ中で、縦軸としての「執拗低音」と横軸としての「開国」（文化接触）との交錯に対する関心が丸山の戦後の研究における問題意識の中心的位置に座ったと理解するに至った。

丸山の初期の労作『日本政治思想史研究』に見られるように、丸山の終戦時までの主要な関心は、「普遍史的な発展段階論」を想定して、日本の政治思想の中にその内発的・主体的な契機を探ることにあった。終戦直後の段階でも、丸山は引き続きそのスタンスで研究を続けると述べたこともある。(38)

しかし、丸山が1979年6月に述べた以下の発言は、私の理解を丸山自身が裏づけている。執拗低音と「開国」がいわば対をなし、丸山の戦後の日本政治思想史研究において両者の占める位置は大きいことを理解する上で、非常に重要な発言である。

「もし私の戦前の研究と戦後の研究とをいちばん大きく区別するメルクマールがあるとしたら、文化接触による文化変容という視点を投入しなければならないと私が思いだしたことです。それで、異質的な文化接触による文化変容という、その視角で書いた最初の思想史の論文が「開国」（集⑧1959年1月）なんです。ですから、それが外国に二年間滞在して帰ってきた時に、決定的に「原型」

という発想になるんですけれどね。

……その文化接触という考え方自身が、普遍史的な発展段階論の否定を意味してるということなんです。したがって、『日本政治思想史研究』はまだ非常に大きく普遍史的な発展段階論を想定しているんです。つまりボルケナウ的な〝封建的世界像から近代的世界像へ〟という普遍史的な研究です。ところが、文化接触というのは、歴史を縦の発展とすれば、いわば横のぶつかり合いなんです。いわば怒濤のように横から異質的な文化がやってくる。開国がそうでしょ。つまり、異質的な文化がぶつかりあったときにどういうものが生まれるかという問題は、縦の歴史的発展段階という考え方の中にはないわけです。……全く異質的な文化圏がぶつかり合うという文化接触の問題は、普遍的な発展段階論からは生まれない。

だからそういう意味での文化接触という問題は、さっき言った意味の狭義の歴史意識に入ってこないんですよ。狭義の歴史意識、つまり時間的系列のもとに事件を取り扱うという発展段階論の系列ではなくて、文化人類学やなんかにもずっと問題が伸びていくような問題、つまり異質的な文化が二つぶつかり合ったときにどういう現象が起こるか、という考察です。……それは伝統的なマルクス主義の影響のもとに発展段階論というものを想定していた日本政治思想史からの、良かれ悪しかれ、決定的な離反といえると思います。実は「開国」とか「古層」とかいうことを考えるときに文化接触の問題を意識したんです。つまり、大陸からの文化が日本に入ってきてどういう変容を受けるか、という問題です。そこで basso ostinato という結論が出てきたんです。」(39)

丸山が「原型」「古層」「執拗低音」の働きを考えるに至った契機としての文化接触・「開国」という問題の重要な位置づけに関しては、1984年の次の文章を参照してほしい。丸山はこの中で、「1950年はじめごろから考え出した」と発言しているのも忘れてはならないだろう。

この文章で今ひとつ重要なポイントは、丸山が「日本的なもの」の執拗な残存を、「「未開民族」の特徴といわれた驚くべき民族等質性を保持している」ことと関連づけていることだ。すなわち、丸山は執拗低音の由来を日本の「未開民族」性と結びつけて考えているということだ。丸山が執拗低音を「未開社会」と関連づける発言を行っていることはすでに触れた（34頁）。「未開民族」という言葉を丸山が使ったケースは他にはないが、「未開社会」と同じ意味で言っていることは間違いないと思う。

「私が文化接触というのは、―どんなに一方的な衝撃にせよ―何百年のちがった伝統をもった構造的に異質な文化圏との接触の問題なのです。……外来の―異質的な文化との「横の」接触というものと、それから日本史における段階区分の不明確さという問題、この二つの問題について思想史的にその意味を考えるということが、戦争の経験を経て、私にとって一層切実な課題になって来たわけであります。（中略）

右の二つの問題が具体的にどういう形であらわれるかと申しますと、どうしてもこれは……日本の地理的な位置と、それに関連した日本の「風土」と申しますか、そういう要素を考慮せざるをえなくなる。

……1958年（昭和33年）度の講義のプリントによるとはじめの方で、「日本思想史の非常に難しい問題というのは、文化的には有史以来「開かれた社会」であるのに、社会関係においては、近代に至るまで「閉ざされた社会」である。このパラドックスをどう解くのかということにある」と言っております。……絶えず新しいメッセージを求めるということと、新しい刺激を求めながら、あるいはその故にか根本的にはおどろくほど変わらないということ―この両面がやはり思想史的な問題としても重要なものになってくるのではないか。たとえば、……キリシタンの渡来とその「絶滅」の運命について……日本の場合にはおどろくべく速く浸潤するけれども、絶滅するときには、また……おどろくべく速く姿を消す。これを私は集団転向現象というのです。集団転向してキリシタンになるけれども、また集団転向して棄教する。……これが……開かれた文化と閉ざされた社会の逆説的な結合にどうも関係があるのではないかという問題を私は1950年はじめごろから考え出したわけです。……そういう観点（丸山：全体構造としての日本精神史における「個体性」）から、さきほど指摘した矛盾した二つの要素の統一―つまり外来文化の圧倒的な影響と、もう一つはいわゆる「日本的なもの」の執拗な残存―この矛盾の統一として日本思想史をとらえたいと思うのです。……日本が一面では高度工業国家でありながら、他面においては、それこそ以前から「未開民族」の特徴といわれた驚くべき民族等質性を保持しているのは否定できません。観察としてはそんなむつかしい事柄ではないのです。ただこの両面性が、思想的にどう現われるのかというのは、日本思想史を解明するうえに看過できない重大な問題だ、と思うのです。（中略）

要するに私は右のような方法論的な遍歴を経て、古来日本が外来の普遍主義的世界観をつぎつぎと受容しながらこれをモディファイする契機は何かという問題を考えるようになったわけです。……外来思想の「修正」のパターンを見たらどうか。そうすると、その変容のパターンにはおどろくほどある共通した特徴が見られる。……私達はたえず外を向いてきょろきょろして新らしいものを外なる世界に求めながら、そういうきょろきょろしている自分自身は一向に変わらない。そういう「修正主義」がまさに一つのパターンとして執拗に繰り返されるということになるわけです。……

変化するその変化の仕方というか、変化のパターン自身に何度も繰り返される音型がある、といいたいのです。つまり日本思想史はいろいろと変るけれども、にもかかわらず一貫した云々―というのではなくて、逆にある種の思考・発想のパターンがあるゆえにめまぐるしく変る、という事です。あるいは、正統的な思想の支配にもかかわらず異端が出てくるのではなく、思想が本格的な「正統」の条件を充たさないからこそ、「異端好み」の傾向が不断に再生産されるというふうにもいえるでしょう。……よその世界の変化に対応する変り身の早さ自体が「伝統」化しているのです。

「よそ」と「うち」ということは必ずしも外国と日本というレヴェルだけでなく、色々なレヴェル―たとえば企業集団とかむらとか、最後には個人レヴェルでひとと自分という意味でも適用されます。つまり一種の相似形的構造をなして幾重にも描かれることになります。……私達は、不変化の要素にもかかわらず、ではなくて、一定の変らない―といってもむろん天壌無窮という絶対的意味でなく、容易には変らない―あるパターンのゆえに、こういう風に変化する、という見方で日本思想史を考察するよう努力すれば、日本思想史の「個性」をヨリよくとらえられるのではないか、と思うわけです。」(40)

(二) 「開国」の諸相

〈「開国」の歴史〉

丸山は日本が3回開国を経験したとする。すなわち、「第一開国は切支丹による開国だったが全国鎖国に終る。第二開国は明治維新でイデオロギー的には鎖国、つまり使い分け開国に終った。第三開国は大戦後の現在で、ここではじめて全面開国になった。今後どうなるか分からないですが……」と述べた。(41)

「第一の開国」とするキリシタンの問題に関しては、丸山は『講義録』第6冊(1966年)の第2章で扱っている。「第二の開国」が「使い分け開国に終わった」という指摘に関しては、『講義録』第2冊(1949年)の第2章~第4章が詳しい。「第三の開国」すなわち日本の敗戦時に関する上記発言は、安保闘争(1960年)が高揚する前の段階で行われたものであり、それ故に「今後どうなるか分からない」という発言が続いている。

丸山が「第三の開国」に大きな期待を寄せていたことは、1980年代に彼が福沢諭吉の『『文明論之概略』を読む』の中で行った次の発言から理解することができる。

「大日本帝国の解体状況は維新直後に似たところがあった。……今まで通用していた価値体系が急速にガラガラと音をたてて崩れ、正邪善悪の区別が一挙に見分けがつかなくなってしまう。途方に暮れてどうやって物事を判断するのか分からないという状況。これは狭い意味での制度の融解からくる政治的社会的アナーキーということに尽きない、精神的アナーキー状況です。……これは……ほとんど下意識にまで入りこんでいる判断枠組のレヴェルの問題だという点が大事だと思うのです。……思考の枠組自身が分らなくなってしまった状況、これまで当然のことのように通用していた価値体系の急激かつ全面的な解体によって、たとえ瞬時であっても生まれた精神的真空状態―そういう状況を、われわれが、歴史的想像力を駆使して頭の中に描いてみる必要があるのです。」(42)

しかし、「第三の開国」の可能性も、アメリカの対日占領政策の転換、安保闘争の教訓に学んだ政府・自民党による経済優先政策（高度経済成長政策）とその成功（国民的保守化）、労働運動の切り崩しと保守化（総評から連合へ）、社会党の安保容認政策への方針転換（村山政権）等によって流産に終わってしまった。それどころか、今や「第三の開国」の支柱とも言うべきポツダム宣言そのものが安倍政権によって狙い撃ちされる状況が生まれつつある。

丸山自身がこの状況にどのように対処しようとしたかに関しては、石田雄が『丸山眞男との対話』で行った説明、つまり、「世論が完全に一方へ流されてしまう……時代」に直面して、丸山が「確固とした文化の基準」及び「精神的貴族主義の担い手」の問題を提起するに至ったと指摘したこと（前述）が参考になる。

「確固とした文化の基準」として丸山が重視したのは「普遍」であり、「人間の尊厳」である。「精神的貴族主義の担い手」とは、大衆社会状況のもとで永久革命としての民主主義（デモクラシー）を担うべき人民（国民）が「民が主」というデモクラシーの理念を我がものとすることの重要性を強調する意味で、丸山が用いた言葉である。
ただし、確固とした文化の基準としての「普遍」「尊厳」に対する丸山の関心は、1960年代の大衆社会化した状況に直面したことで生まれたわけではないことは、念のため指摘しておく必要がある。丸山は学生時代からつとに西洋政治哲学への関心を深めており、「普遍」「尊厳」という理念を早くから自家薬籠中のものにしていた。

〈「開国」の意味〉

それでは、丸山が提起した「開国」とは何を意味するだろうか。歴史意識、倫理意識、政治意識のそれぞれに則して、具体例で考える。

◇歴史意識の「開国」

歴史意識における「開国」とは、「いまがすべて」という立場から「過去を未来に生かす」という立場に移行する問題、ということができる。以下では、日韓関係及び新型コロナウィルス問題に対する安倍政権の対応を具体例として考える。

—日韓関係—

近年の日韓関係は、いわゆる「従軍慰安婦」問題と強制連行された元徴用工問題をめぐる安倍政権と文在寅政権の対立によって悪化した。二つの問題をめぐる両国政府の対立は主に二つの論点にかかわる。

一つは、元「従軍慰安婦」及び元徴用工が要求する日本政府の謝罪と賠償・補償に関するものだ。安倍政権は1965年の日韓請求権協定で解決済みであるとする。これに対して文在寅政権は、同協定では個人の請求権は扱っておらず、したがって日本政府は彼らの要求に応じる法的及び道義的な責任があるという立場だ。

もう一つはより根本的な問題だ。文在寅政権は、日本が過去の朝鮮に対する植民地支配を真摯に反省することが真に友好的な両国関係を構築していく上での出発点だと考えている。これに対して安倍政権は、「未来志向の日韓関係」を強調する。そして、日本の朝鮮半島に対する植民地支配の歴史に「こだわる」文在寅政権を批判する。

この二つの論点を正しく認識し、問題を根本的に解決するためには、歴史意識の執拗低音を臆面もなく前面に押し出す安倍政権、というより安倍自身の歴史認識を白日の下にさらし出し、これを改めさせることが不可欠である。

ただし、私たちとしては、安倍が以上のような厚かましい立場に固執することを、多くの日本人が支持している事実（多くの世論調査の結果）をもかみしめることが必要である。なぜならば、歴史意識の執拗低音は、ひとり安倍だけではなく、多くの日本人が正しい歴史認識を備えることを妨げているからである。このことに、私たちは常に思いをいたさなければならない。

丸山が執拗低音について力説するのは、執拗低音という下意識の世界を不断に意識化することによってはじめてそれを克服することが可能になるとする、尖鋭な問題意識によるものだった（79頁）。

このことを改めて指摘しておく。

*日韓請求権協定

第一の問題、すなわち、日韓請求権協定で問題は解決済みとする安倍政権の主張は、今日もはや通用しない。私たちはそのことをまず認識する必要がある。

より正確に言おう。国際人権規約をはじめとする国際人権法の確立によって、この主張は、以前はともかく、今日ではもはや国際的に通用しなくなった、と言わなければならない。

この点については日本国内では認識が広がっていない。したがって、執拗低音の本題からは離れるが、この機会にさらに詳しく説明しておきたい。

国際人権規約B規約第2条3項は、「この規約において認められる権利又は自由を侵害された者が、公的資格で行動する者によりその侵害が行われた場合にも、効果的な救済措置を受けることを確保する」と規定している。

この規約において認められる「権利」や「自由」を「侵害された者」とは誰を指すか。「従軍慰安婦」問題や元徴用工問題との関わりでいえば、第7条と第8条3項（a）が重要だ。

第7条は、「何人も、拷問又は残虐な、非人道的な若しくは品位を傷つける取扱い若しくは刑罰を受けない」と規定している。この規定が「従軍慰安婦」に適用されることは明らかである。

また第8条3項（a）は、「何人も、強制労働に服することを要求されない」と定める。これが元徴用工の問題に適用されることも自明である。

日本は国際人権規約を批准している。したがって、元「従軍慰安婦」、元徴用工は、第2条3項に基づいて、日本政府に対して効果的な救済措置を講じるように要求する権利があるのだ。

国際人権規約等の国際人権法の確立を受けて、オーストラリア、カナダ、ニュージーランド、アメリカでは先住民族に対する謝罪や補償が行われた。アメリカはまた、第二次大戦中に日系アメリカ人に対して行った隔離政策による人権侵害について謝罪し、補償を行った。またドイツは、第二次大戦中の強制労働問題にかかわって「記憶・責任・未来」基金を設け、ナチス政権下で行われた、ドイツ企業が捕虜等を強制労働に動員したことに関して、被害者への補償を行った。

これらの事例が示しているのは、国家による人権侵害行為に関する責任については時効・国家無答責の法理は及ばないということだ。このような国際的事例に鑑み、日本政府が元「従軍慰安婦」や元徴用工に対して、謝罪し、補償しなければいけないことは明らかである、といわなければならない。

国際人権法の確立という新しい事態に対する日本と他の国々の認識の違いも指摘しなければならない。すなわち、以上に挙げた国々は、国際人権法の確立が国内法を縛るということを認識し、理解している。つまり、規約の規定に違反する国内法は改廃しなければならず、国内法に担保規定がない場合は立法しなければならないということだ。

ところが日本は、国際人権規約締結当時はもちろん、今日においてもそういう認識・理解が欠落している。私は外務省国際協定課長として、国際人権規約の国会承認事務を主管課長として担当した。そのときつくづく思い知らされたことがある。それは、関係省庁を含めた日本政府が条約締結に応じたのは、「人権問題をおろそかにしていない」先進国であることを国際的に言いつくろうためのアリバイ作りに過ぎない、ということだ。

関係省庁には、条約が課すさまざまな義務を誠実に国内的に履行し、担保する意思はまるきりなかった。ましてや、国際人権法は国内法体系全般の見直しを求めていることについても、政府・関係省庁の認識はまったく欠落していた。

関係省庁は、条約受け入れに伴う義務は現行法ですべて担保されていると強弁した。その結果、条約受け入れを法的に担保する「受け皿」としての関係国内法の改正はゼロだった。

この問題に関してはいま一つ重要な問題がある。すなわち、日韓請求権協定や日ソ共同宣言で国が放棄したのは個人の権利を保護する外交保護権であり、個人の請求権自体は消滅しないと、日本政府自身が明確にしたのだ。

正確に言うと、日本政府のこの立場は特に新しいものではない。具体的には、広島の原爆被爆者あるいはシベリア抑留被害者が国に対して補償を要求する訴訟を起こしたとき、日本政府は条約（対日平和条約・日ソ共同宣言）で放棄したのは外交保護権であり、国民自身の請求権は消滅しないとして、国が自国民である被害者に補償する義務はないと主張した。

その延長線上に1991年8月27日の外務省条約局長の国会答弁がある。条約局長は、日韓請求権協定（や日ソ共同宣言）で国が放棄したのは外交保護権であり、個人の請求権自体は消滅しないと答弁した。

ただし、日本政府の以上の主張・答弁は、日本人被害者が国（日本政府）に対して補償請求を行ったことを拒否し、政府には補償義務がないと抗弁するために行われたものだ。外国人被害者が日本に対して賠償・補償請求する場合に、日本政府がこれに応じる用意があるかといえば、「話は別」になる。韓国人被害者が日本の国・企業に対して賠償・補償請求を行ったとき、日本政府は日韓請求権協定で解決済みという主張を持ち出したのだ。

「日本人被害者から補償請求を受けていた局面では〝条約により放棄したのは外交保護権にすぎず、被害者は加害国の国内手続により請求する道が残っているので日本国には補償責任がない〟と主張し、外国人被害者から賠償請求を受けると〝条約により日本の国内手続で請求することは不可能になったので日本国には賠償責任がない〟と主張を翻した」（山本晴太「日韓両国の日韓請求権協定解釈の変遷」）と批判されるゆえんである。

韓国人元徴用工及びその遺族は、日本企業を相手取って日本の裁判所に訴えた。しかし、ことごとく敗訴した（裁判所の判断理由はさまざまであり、ここでは省略する）。彼らはそのことを踏まえ、韓国国内で韓国の法律に基づき、徴用した日本の企業を相手取って訴訟を起こしたわけである。これは法的に何ら問題ない。

ところが安倍政権は、日韓請求権協定で問題が解決済みであるのに、文在寅政権がこの訴訟に介入せず、傍観するのは不当として非難する。この非難に対して、文在寅政権は、三権分立の大原則の下、政府は司法に介入できないとする。いずれの側に理があるかは明らかである、といわなければならない。

＊歴史認識

脇道の話が長くなってしまった。第二の歴史認識の問題に移る。

日韓請求権協定は、日韓国交正常化交渉過程で日本政府が固執した歴史認識を反映した産物だった。すなわち、韓国は交渉において、日本による韓国併合は不法かつ無効であり、日本は朝鮮半島に対する植民地支配について謝罪し、賠償・補償を行うべきだと主張した。しかし日本は、韓国併合は合法かつ有効、植民地支配も当時の国際法の下で合法的に行われ、賠償・補償は論外という立場を堅持した。

日本としては、韓国との交渉に応じたのはアメリカの強い圧力に抗しきれなかったからに過ぎない、という思いが強かった。歴史の反省に立って真摯に交渉に臨む、という気持ちはさらさらなかったのである。

最終的に、両国は日韓関係基本条約を締結した。しかし、第2条（「1910年8月22日以前に大日本帝国と大韓帝国との間で締結されたすべての条約及び協定は、もはや無効であることが確認される。」）は典型的な玉虫色の産物だった。「もはや無効……が確認」とは、歴史問題について、日韓いずれの側も自らの立場を確認したものと解釈することを可能にする文言として編み出されたものである。

すなわち、韓国は、韓国併合はもともと無効であり、第2条はそれを「確認」したものと解釈する。しかし、日本からすると、韓国併合は有効だったのであり、「有効だった」という趣旨が「もはや」

という文言に込められていると解釈するのだ。

安倍政権が「日韓請求権協定で問題はすべて解決済み」と主張する根拠は同協定第2条だ。第2条は「両国及びその国民（法人を含む）の財産、権利及び利益並びに両締約国及びその国民の間の請求権に関する問題が……完全かつ最終的に解決されたこととなることを確認する」と定めている。

安倍政権の主張は、日韓請求権協定締結当時には国際的にも通用するものだったことは確認しておく必要がある。

国際人権法が確立する以前は、国家が個人の請求権を含めて国際的に合意を行うことは認められていた。そのことは、対日平和条約（1952年）及びその後に日本が各国と結んだ二国間の条約・協定によって確認することができる。個人の基本的人権の不可侵性が国際的にも承認される（＝国際人権法が確立する）に至ってはじめて、国家といえども個人の権利を左右することはできないという認識が定着したのである。

日韓関係基本条約及び日韓請求権協定は、日本にとっては自らの過去という「くさいものに蓋をする」式の産物だった。それを貫くのは「自らが犯した過去を直視しない居直り」「歴史の重みに対する不感症」に他ならない。つまりは、歴史意識の執拗低音の働きの所産ということである。

＊「未来志向の日韓関係」

歴史認識にかかわるもう一つの問題を取り上げておきたい。文在寅大統領は、日本が過去の朝鮮に対する植民地支配を真摯に反省することが真に友好的な両国関係を構築していく上での出発点だとする。安倍は「未来志向の日韓関係」を強調し、日本の植民地支配の歴史に「こだわる」文在寅政権を批判する。

ここでも、両者の歴史認識は真っ向から衝突している。端的に言えば、「歴史を鑑とする」、「過去を忘れるものはその過去を繰り返す」という普遍的な歴史観に立つ文在寅と、「いま」がすべてという歴史意識の執拗低音全開の安倍の対立と言えるだろう。

注意すべきは「未来志向の日韓関係」と安倍が言う中身だ。その「未来志向」とは、「後は野となれ山となれ」の類いの含意を覆い隠すための美辞麗句に過ぎない。

改めてポツダム宣言を受諾した昭和天皇の終戦詔書を想起したい。天皇はアジアに対する侵略戦争・植民地支配を「東亜ノ解放」と正当化する立場に固執した。アジア諸国・民族に対する反省・謝罪の表明はおろか、その意思も皆無だった。日本政府が日韓国交正常化交渉に臨んだときの立脚点、そして安倍がいま韓国に対して居丈高に振る舞う立脚点はともに昭和天皇の終戦詔書史観にある。

歴史上の「不都合な真実」を直視することを拒む日本は、同じく歴史に対して不感症のアメリカの庇護のもとにあることによって、韓国に対して厚顔無恥を通してきた。日韓関係がアメリカの強い影響下にあり続ける限り、日韓関係の真の健全な発展は望むべくもないことも認識しなければならない。

以上から明らかなとおり、日韓関係悪化の原因は日本の歴史意識の執拗低音に起因する。日韓関係（日本とアジアの関係）を正すためには、歴史意識における「いまがすべて」の執拗低音を断ち切り、「過去を未来に生かす」歴史認識を我がものにしなければならないことが理解されるはずだ。歴史意識の執拗低音をキッパリ清算しなければならないゆえんである。

—新型コロナウィルス問題—

私は、新型コロナウィルス問題に対する安倍政権の対応及びこの対応に対する国民の反応のあり方の中に、歴史意識の執拗低音の働きをまざまざと見せつけられている。

安倍政権、というより安倍ほど「いま」への執着があからさまな政権・首相は過去に例を見ない。また、政府が決めたことに唯々諾々と従う国民の姿は、日本人の「現実」観を剔抉した丸山の指摘（44頁）そのものだ。

新型コロナウィルスの襲来で諸外国に同時進行的に起こっていることは、手をこまねいて何もしないでいれば感染爆発は必ず起こるということだ。安倍が直面したのは、ほんのわずかな想像力さえ備えていれば、「どうしなければならないか」について答を出すことは至極簡単な問題だったのだ。

答は、「恐るべき必然の事態を想定し、それが起こらないようにするために迅速かつ最善の手を尽くす」、また、起こることは避けられないとしても、「できる限り最小限の被害に抑え込むためにはあらゆる手を尽くす」ということだったはずである。

悲しいかな、「いま」に生きる、歴史意識の執拗低音の塊である安倍には、以上のような、ごくごく近未来に属する事態を想像することすらができない。「未来を予測」し、その「未来（感染爆発）の来襲を阻止する手立てを講じる」という発想はゼロだ。これほど国民に対して無責任な政治・政治家はないが、これが日本社会にとっての悲しく、冷厳な事実である。

安倍の発想は、大爆発が起こっていない所与の「いま」をできるだけ長引かせること、そのために何をするか、という一点に尽きる。つまり、表に現れる感染者の数を極力低く抑え、感染の爆発は「いまはまだ起こっていない」と言い張ることに尽きるのだ。そのためには、見かけの感染者数を低くするために人為的操作を加えるのも「アリ」なのだ。

新型コロナウィルスの感染力が極めて強いことは周知の事実だ。

したがって、世界の鉄則は「疑わしきは検査する」である。早期検査、早期隔離、早期治療、いわゆる「三つの早期」は、多くの国々が実行してきた対策の要諦だ。

例えば、韓国は追跡（trace）・検査（test）・治療（treat）という、いわゆる「3T戦略」を採用した。「隠れ」感染者を探し出すために、できるだけ数多くの検査（PCR検査）を行う。当然のことながら、引っかかるものの数は多くなる。韓国が公表する感染者数はうなぎ登りで急増した。

安倍はこの世界的な取り組みに背を向けた。安倍が採用したのは、いうならば「疑わしきは検査せず」原則だった。起こってしまった集団感染（クラスター）を重点とし、濃厚接触者をしらみつぶしに探し出す手法だ。他方、集団感染以外の感染者（本庶佑京都大学名誉教授は「忍者」と名づけた。私は「一匹狼」という）を探し出す積極的な取り組みはしない。

「うたがわしきは検査せず」原則はどうして採用されたのか。好意的にいえば「医療システムの崩壊」を防ぐためである。有り体に言えば、医療システムの現有対処能力がパンクしない程度に感染者数が収まってほしいという、厚生労働省及びその御用学者の「結論先にありき」の発想だ。「いま」がすべての安倍がこの発想に飛びつくのは当然だった。

この発想に基づいて採用されたのは、検査する条件を厳しく設定し、検査対象を押さえ込む方針だった。原則として、熱、咳などの症状が出て、4日以上経っても症状が治まらない者に限って検査を行う、というのである。しかも、まずは保健所と相談し、その「お墨付き」を得た者だけが検査を受けることができるのだ。

その結果、日本の感染者数の伸びは、確かにしばらくの間は低い水準で推移することになった。しかし、そのツケは二重の意味で極めて高いものとなる。

まず、感染者に対するしわ寄せが尋常ではない。検査を受けたくても断られる。検査を受けたときにはすでに重症化している可能性が高い。ついには、検査を受けられないまま行き倒れで命を失う者が続出することとなった。これほど人命軽視が甚だしい「対策」はない。

また、多くの医療施設で集団感染が発生しているが、関係者全員の検査を終えるまでに数日はかかる。一日当たりの感染者数は抑えられる。しかし、全員の検査が終わるまでの間に、次々と新たな感染者が出てしまう。

さらに深刻なのは、忍者・一匹狼が自由に動き回ることが事実上放任されていることだ。彼らは当然次々と感染者を増やす。こうして、ある時期から、「感染経路不明」のまま症状を訴え、厳しい検査基準を「満たして」感染者と判定される者が急増し、感染者数はうなぎ登りということになったわけだ。

韓国と日本の感染者数の伸び方を比較すれば、「疑わしきは検査する」と「疑わしきは検査せず」とどちらが正解かは歴然である。

韓国は8~9000人までは感染者が急増した。しかし、それ以後は二桁以下の伸びに抑え込むことに成功した。経済活動再開が具体的に語られるまでになったのだ。

日本は当初こそ低い水準で推移した。しかし、その後急増しはじめ、韓国の感染者数を追い越した。しかもその後も伸び続けており、先行きは見通せない深刻さだ。

「いま」がすべての安倍の失政のツケはあまりにも重い。歴史意識の執拗低音を放置しておくわけにはいかないことを、失われる人命が日々増え続けるという痛ましすぎる事実を突きつけることで、新型コロナウィルスは教えている。

しかし、私が以上に述べた安倍の失政及びそのツケの重さを理解し、認識する日本人はほとんどいない。ほとんどの日本人は安倍の言うがまま従ってしまっている。これも歴史意識の執拗低音の働きによるものだ。

安倍が「疑わしきは検査せず」と一緒に打ち出した「政策」は、緊急事態宣言である。具体的には、国民が「三密」を避け、「接触8割減」を励行することを求めた。

「三密」とは密閉・密集・密接のことである。英語はclosed spaces, crowded places, close-contact settingsであるため、「3C戦略」と言われる。海外では韓国の「3T戦略」と対比されているようだ。

また、「接触8割減」とは、国民が外出・遠出を控え、人との接触機会を8割減らすことを求めるものだ。国民が政府の指図どおりに行動すれば、約2週間後には感染者数の増加が頭打ちとなり、その後は減少に転じるだろう、というのである。

もちろん、感染力が強い新型コロナウィルスから身を守る上では、人との接触を減らすことは不可欠だ。諸外国では、違反者に対する罰則を伴う「都市封鎖」（ロック・ダウン）が当たり前に行われている。そういう意味では、安倍の国民に対する「要請」はなんら怪しむことではない。

しかし、諸外国と安倍とでは決定的に違うことがある。諸外国では、政府が「三つの早期」を徹底的に行うことがまず先に来る。その趣旨は、クラスターであるか、忍者・一匹狼であるかを問わず、感染者を徹底的に洗い出すということだ。その上で、国民に対しても感染者を増やさないための自覚的協力を求めるのだ。

ところが安倍は、政府が率先してやるべきことは手抜きする。感染経路不明の感染者が急増するのは当然だ。安倍を許してはいけないのは次の点にある。安倍は、感染経路不明者が急増するのが政府の手抜きのせいであることは伏せたままにする。もっぱら国民の自覚的行動を要求するのだ。そして感染者数が減らないのは国民が自覚した行動をとらないからだと、国民のせいにするのである。

安倍のこのような身勝手な行動は、政府を厳しい目で見ることが当たり前な欧米諸国ではまず通用しない。「お上」意識とは無縁な中国（68頁）でもそうだろう。ひとり日本ではそれが通用してしまう。なぜか。歴史意識と政治意識の執拗低音が働くからに他ならない。政治意識の執拗低音とは「お上」意識であることは断るまでもないだろう。

歴史意識の執拗低音とは、日本人の特異な「現実」認識を指す。丸山が指摘した、現実の「所与性」「一次元性」「権力性」ということだ（44頁）。

安倍が「接触8割減」を言い出すやいなや、それは所与の現実「規範」になる。接触を「8割減らす」ことがいかなる分析に基づくかに関する説明はまったくない。根拠も明らかにしない。しかし、「8割」という数字が所与のものとしてまかり通るのだ。

また、新型コロナウィルスを封じ込めるための対策は多種多様（「可能性の束」）であるはずだ。政府は何よりもまず「三つの早期」を実行しなければならないはずである。しかし日本では、政府の率先した行動を要求する声はまったく出ない。「三密」「接触8割減」だけの「一次元性」の話に矮小化され、国民は平身低頭してしまうのだ。

安倍が「接触8割減」を言い出すやいなや、それが所与の現実「規範」になるのは、「権力性」の働きによるものである。「お上」・権力がのたまうことには従わなければならないという意識が働いてしまうのだ。

安倍の行動を貫いているのは、「いま」をやり過ごすだけの無為無策である。将来（「先」）はどうなろうとケ・セラ・セラだ。持ちこたえられなくなるときは来るかもしれない。来なければラッキー。感染爆発が起こってしまったら、「そのときはそのとき」の「いま」になる。

そのときは、その「いま」に対応するだけのことだ。安倍は歴史意識の執拗低音の世界にどっぷりつかって生きるだけの人間なのだ。

しかし、私たちとしては執拗低音の世界に生きる安倍に運命を託すわけにはいかない。安倍に引導を渡さなければならないのはもちろんだ。しかし、このようなことが二度と繰り返されることがないようにしなければならない。そのためには、私たちの中にも潜む歴史意識の執拗低音を徹底的に駆除しなければならない。

◇倫理意識の「開国」

倫理意識における「開国」とは、「所属先・集団に対する忠誠」の立場から「原理原則への忠誠」の立場へ移行する問題、ということができる。

「所属先・集団に対する忠誠」は、日本大学アメリカン・フットボール部員が監督の指示に逆らえず、相手チームの選手に反則タックルを行ったケースなど、今日も枚挙にいとまがない。

最近のもっとも醜悪なケースは森友学園及び加計学園問題である。森友学園問題では安倍昭恵夫人の関与が、また、加計学園問題では安倍自身の関与が濃厚だった。しかし、担当官庁が泥をかぶって、真相解明を妨げた。

森友学園問題では、財務省理財局長が決裁文書改ざんという、「民主国家」にはおよそあってはならない「荒技」でもみ消し、国会答弁でも一身に責任を負い通した。文書改ざん作業に加担させられた一官僚は自殺に追い込まれた。加計学園問題では、首相秘書官と文科省が安倍への追及を遮断した。

これらに共通するのは、間違っていることを承知の上でなお所属先・集団に対する忠誠心を優先させて行動することだ。倫理意識の執拗低音は今日なお健在であることを示している。

以上に挙げた事例は、政治意識の執拗低音である「お上」意識にかかわって、倫理意識における執拗低音の働きがいかに醜悪な事態を生み出すかを示すものである。しかし、所属先・集団に対する忠誠の「裏返し」は、自分が属さない他の組織に対しては強烈な排除・対抗の心情を生み出す。私たちの思考を強く支配するいわゆる「ウチ」「ソト」意識の問題である。

この問題にかかわる最近の典型的な事例としては、安倍政権の下における朝鮮学校に対する差別政策を指摘しなければならない。安倍政権の朝鮮敵視政策（268頁）は、何の罪もない在日朝鮮人の子女にも向けられる。その先兵として動く文科省・地方自治体の行動を規定するのは安倍政権に対する忠誠意識だ。倫理意識の執拗低音である。

以上の事例はすべて、倫理意識の執拗低音がいかに醜悪な事態を引き起こすかをまざまざと示す。「所属先・集団に対する忠誠」の立場から「原理原則への忠誠」の立場に移行することの重要性、すなわち倫理意識の「開国」がいかに切迫した今日的課題であるかが理解されるはずである。

◇政治意識の「開国」

政治意識における「開国」とは、端的に言えば、「お上が主」とする立場から「民が主」とする立場に移行する問題、ということができる。「民が主」というデモクラシーの理念と「捧げる」「献上する」という政治意識の執拗低音とでは、ベクトルが真逆であることは直ちに理解されるはずだ。

私たちが日本という民主国家の主権者としての意識を我がものにするためには、政治意識の執拗低音の働きを意識的、自覚的、かつ徹底的に克服することが不可欠だ。これが政治意識における「開国」の意味することである。

逆に言えば、何事につけ、「お上」意識が少しでも頭をかすめることがあるとすれば、それは私たちの政治意識がなお執拗低音に支配され、少なくとも邪魔されていることを意味する。そのような私たちは相変わらず政治意識において「鎖国」の状態にあるのだ。

権威信仰という政治意識の執拗低音は、今日でも頑強に自己主張する。森友学園問題における財務省の組織を挙げた文書改ざんが自殺者まで出したことはすでに述べた。

このケースは個人レベルのことだ。しかし、日本の組織では、トップが決めたことには「下」の者はすべて従って当然という雰囲気はいまだに強い。総理総裁の顔色を見て動く自民党や官僚機構。本部が決めたことには「右へならえ」の日本共産党。春闘における一般組合員の従順な姿勢、等々。

東京高検検事長の定年延長問題をめぐる森雅子法相以下の法務省の支離滅裂を極めた対応は、安倍政権（というよりは安倍本人）が定年延長を決めた後に、それを擁護するために法務省という組織全体が右往左往した悲喜劇だった。権威信仰もここに極まれりである。私は最近の朝日新聞には愛想を尽かしているが、2月26日付けの社説の次の指摘は評価した。

「首相や菅官房長官は、定年延長は法務省の要請を聞き入れただけで、責任はすべて同省にあるかのような態度をとる。

国民を愚弄してはいけない。このような措置が官邸の意向抜きで行われることなどあり得ないと、誰もが見抜いている。

官邸の専横や脱法的な行いが答弁の破綻を招き、責任を押しつけられた官僚は、虚偽の説明や、文書の隠匿、果ては改ざんにまで手を染める。現政権下で何度も目にしてきた光景だ。」

近年進行している重大な事態として取り上げなければならないのは、「官高政低」から「政高官低」への転換である。これは、安倍政権が中央省庁の幹部人事を内閣官房が掌握する国家公務員制度改革関連法（「国家公務員法等の一部を改正する法律」）を成立させたことで起こった。

私が外務省にいた頃もそうだったが、中央省庁の人事権は各省庁に属していた。これは官僚機構の政治的中立性を人事面から担保するものとされてきた。

実際には自民党の長期政権が長年続いたことにより、中立性自体は形骸化していた（民主党政権になったときの中央省庁の「面従腹背」）。しかし、人事権の「独立」は、官僚機構の政策立案・執行能力と相まって、「官高政低」と称される状況をもたらしてきたことは否めない。特に、国家財政を担う大蔵省は、予算作成時の査定権限を背景に、高度の「独立」性を誇ってきた。安倍政権は2013年11月にこの法案を国会に提出した。翌年法律が成立すると、内閣人事局を設置して、各府省庁の部長・審議官以上の約600人の人事権限を首相と官邸に集中した。具体的には、官房長官が幹部候補者名簿を作成し、首相と協議した上で人事を決定する仕組みが作られた。これによって、「官高政低」から「政高官低」へと力関係の逆転が一気に進んだというわけだ。

ここまでは政治意識の執拗低音とは関係ない。しかし、人事権を奪われた中央官庁、特に出世意欲の強いエリート官僚がこの法律の意味することを学び取るスピードには驚くべきものがあった。それが際立って現れたのが、森友学園問題の際の財務省の卑屈なまでの官邸へのおもねりであり、忖度に基づく行動であったというわけだ。

つまり、国家公務員制度改革関連法の成立によって、首相・官邸がいまや「お上」として君臨することが既成事実となったとき、高級官僚は見事なまでにこれに屈服したのだ。特に財務省高級官僚の場合、予算査定権限に依拠して政治に対する相対的「独立」を謳歌してきたが、この法律の成立を受けて、一気に他の省庁並みの政治意識に成り下がった。ここでは、政治意識の執拗低音が強烈に自己主張している様が浮き彫りになるのである。

もう一つの事例は、小選挙区導入による自民党政治の劣化現象の進行という問題だ。

1994年の公職選挙法改正によって、それまで中選挙区制だった衆議院に小選挙区制が導入された。その結果、自民党政治は「派閥政治」が急速に影を潜め、総理・総裁に政治権限が集中することになった。このこと自体は制度・組織問題であり、政治意識の執拗低音とは直接関係はない。問題は、その後の自民党議員の意識の変化である。

小選挙区制に移行した結果、各選挙区の自民党候補は一人に絞られる。「誰を候補にするか」を決定する総理・総裁の権限は絶大だ。加えて、選挙資金の大宗も総理・総裁が握っている。自民党から立候補しようとする者は総理・総裁（「お上」）に対する忠誠心を競い合うことになる。政治意識の執拗低音の出番というわけだ。

ちなみに、中選挙区制当時は、自民党から複数の当選が可能であり、それが「派閥政治」の制度的保障になっていた。選挙資金も各派閥の領袖が担っていた。議員の総理・総裁に対する独立性が一定程度は保たれていたのである。したがって、自民党の一党独裁が長年続いたとはいえ、各派閥間の政策論争が自民党内の「多様性」をある程度までは保証していたわけだ。

私は安倍晋三という政治家をまったく評価しない。能力的には凡庸であるとすら思う。彼の長期政権を可能にしたのは、ほとんどもっぱら中央官庁幹部人事権限と、自民党から立候補しようとする者に対する生殺与奪権限という、二つの権限の掌握にあることは明らかである。

しかし、この二つの権限によって自分の運命を総理・総裁に牛耳られることになった官僚・議員は政治意識の執拗低音の命じるままに動く存在に成り下がることになったのだ。その結果、日本政治の劣化は止めどなく進行することになった。

日本政治の劣化現象を食い止め、生気を与えるためには、まずはなにより、この二つの制度を改廃しなければならない。すなわち、中央官庁の人事権を元に戻し、衆議院総選挙に中選挙区制を復活することである。

しかし、根本的には、政治意識の執拗低音にとどめを刺さなければならない。そのためには、「民が主」の政治意識を主権者である私たちが備えなければならないのだ。

このことに関して、もう一つつけ加えておきたいことがある。それは、私たち自身の政治意識である。

一般的に言って、私たち日本人社会では、「市民社会の一員」という自己規定は肯定感を伴って受け入れられる。他方、「日本国家の一員」という自己規定は、国家に対する従属を押しつけられるという印象を伴うとして忌避される傾向がある。

こういう反応を示すのは特に高齢者に多い。1960年代までの保守対革新の構図が支配した日本の歴史の名残が、いわゆる「市民派」の人々の意識に影響していることが考えられる。

しかし、「民が主」というデモクラシーの理念を我がものにする上では、「主権者・国民」という意識を我がものにしなければならない、と私は思う。

断っておくが、私は「国民」という用語にこだわっているわけではない。憲法の英文では「国民」をpeopleと言い表している。したがって、「人民」と表現するのでもいっこうに差し支えない。

私が強調したいのは、私たち日本人は「主権者」としての自覚を我がものにすることが不可欠ということだ。私が好んで用いるのは、「私たちは、国家の主権者・国民としてのわらじと社会の一員・市民としてのわらじとをはいている」という表現だ。

すなわち、国家の事務にかかわるときの私たちは主権者・国民であり、地方自治、NGO、ボランティア活動、自分が住む地域の活動等にかかわる時の私たちは社会の一員・市民である。「二足のわらじ」というのは私が作ったネーミングだが、私たちは主権者であり、同時に市民としてあるというのは、世界的には常識に属する。

このことはあえて強調しなければならない。そういう世界の常識が日本の常識になっていないのは、政治意識の執拗低音が今日なお私たちの思考にしつこくまとわりついていることを傍証する。

もちろん、国際ＮＧＯがますます重要な役割を担うに至っている今日、市民として国際社会にかかわっていく可能性は不断に増大している。21世紀の国際社会は、ますます国家以外の主体が活動を広げていくことになるだろうとも思う。中村哲氏のアフガニスタンにおける活動はその好例である。また、国際関係における民間交流の重要性もますます高まっている。この流れもまた今後ますます勢いを増していくだろう。

しかし、主権国家を束ねる超国家機関（例えば世界連邦政府）が登場するための条件が整えられる可能性は、予見しうる将来にわたって存在しない（218頁）。好むと好まざるとにかかわらず、主権国家が国際社会において圧倒的比重を占める状況は21世紀において、また、それ以後の世紀においても根本的に変わることは予見できない。

したがって、私たちは日本という国家の主権者として、「日本という国家をどのように国際社会とかかわらせていくか」という問題意識を我がものにすることが求められる。それこそが政治意識における「開国」が意味することだ。

国際社会のことはよく分からない、外交・安全保障は政府（「お上」）の仕事であって自分のことではないと思っている日本人が多い。これはまさしく、政治意識の執拗低音に屈する精神的「鎖国」の表れに他ならない。

特に、日本は国際社会において、アメリカ、中国に次ぐ第三の経済大国である。「大国」については後で取り上げる。とりあえず、次の点だけ強調しておきたい。

中央政府が存在しない国際社会において、大国は、好むと否とにかかわらず、国際の平和、安定及び繁栄を維持し、回復し、促進する上で、中小国が担うことができない特別の役割と責任を負う。大国・日本がどのように国際問題にかかわるかは国際的に大問題なのだ。

これは事実認識の問題であって価値判断の問題ではない。また、大国であることを自認・自任することと大国主義を行うこととはまったく別物である。

残念ながら、日本ではまだこの基本的事実・初歩的区別すら国民的常識になっていない。そのことを認識・自覚することも政治意識の「開国」の重要な含意である。

四 「普遍」と「個」

(一) 「普遍」

歴史意識における「開国」とは、「いまがすべて」の立場から「過去を未来に生かす」の立場に移行する問題、倫理意識における「開国」とは、「所属先・集団に対する忠誠」の立場から「原理原則への忠誠」の立場に移行する問題、そして政治意識における「開国」とは、「お上が主」とする立場から「民が主」とする立場に移行する問題とまとめた。問題はこの「移行」がどうしたら可能になるかということである。

私はこの本の冒頭で個人的体験について述べた際に、私が執拗低音に関する丸山の指摘を重視するのは二つの理由があると指摘した(9頁)。

二つ目の理由として挙げたのは次のことだ。つまり、日本人のなかで「普遍」・「個」を我がものにしているのは少数派であること、多くの日本人がそういう意識を我がものとするのを妨げられているのは政治意識、歴史意識及び倫理意識の執拗低音の働きによること、逆に言うと、私たち一人一人が「普遍」・「個」の思想・意識を育まない限り、私たちは執拗低音の働きを自覚的・意識的に克服することはできないのではないかということである。

「個」という概念はまだしも、「普遍」という概念は私たち日本人にとってはなじみが薄く、つかみにくいものである。私の以上の問題意識を理解してもらう上では、まずは「普遍」とは何かについて理解する手がかりが必要だと思う。その点で、丸山が次の二つの文章で述べていることは私にとって非常に参考になった。

「普遍」とは、以下で丸山が「見えざる（絶対的）権威」、「いかなる地上の俗権をもこえた価値」、「地上の権力を超えた絶対者・普遍者」とさまざまな表現を使って表しているものを指すことが分かるはずだ。

ちなみに、以下の丸山の文章に即していえば、「自己を絶対的権威の前に相対化することを知る者」、「地上の権力を超えた絶対者・普遍者に自分が依拠していると自覚する者」は「個」を備える者、ということができるだろう。

〈見えざる権威〉

「（イ）権威の承認は人間に特有な現象である。動物は権威への服従をしらない。ただ物理的な力関係を知るだけである（「ジャングルの法則」）。

（ロ）人間社会においても、見えざる権威―神の権威、真理・正義の権威、天・道理の権威―による内面的拘束が弛緩する程度に応じて、事実上の見える権威―感覚的に触知できる権威による拘束が増大する。（「人に従わんよりは神に従え」「人を相手とせず天を相手とせよ」）政治権力だけでなく、経済的な利益、世間の思わく、「世界の大勢」、集団的雰囲気等々からの自立は、見えざる絶対的権威の承認なしにはおぼつかない。たんに一切の権威の否定は、動物的な自己主張とほとんど区別しがたい。「理性」の権威だけをみとめるという場合も、その理性が自他をこえた普遍的なものとしてとらえられたとき、はじめて、たんなる自己主張と区別されるのである。逆にいえば自己、もしくは自己集団を絶対的権威の前に相対化することを知らない者は、「理性」を語る資格はない。

「権利意識」と動物的主張とを区別するものは、やはり、権利の普遍性の承認、したがって他人の同様の権利の承認である。」(43)

〈普遍的なものへのコミット〉

「古代では政治と宗教とはくっついていた。それがどう分離されていったか。宗教の政治からの独立は、古代の政治からの独立の基本的な型なのですよ。なぜなら、政治とちがう価値基準に立った社会集団ができるかどうかというのはそこできまるわけです。教会はどんなに堕落しても、俗権とはちがう価値基準に立っている。

だから中世の教会から俗権に対する抵抗権という発想が出てくる。つまり、いかなる地上の俗権をもこえた価値の存在は、クリスト教でいえば神に対して自分がコミットしているということになる。「人に従わんよりは神に従え」という福音の言葉はそれです。……どんなに俗権が強く、長い歴史をもとうとも、地上の権力を超えた絶対者・普遍者に自分が依拠しているのだということが、抵抗権の源泉であり、同時に教会自身が宗教改革を生みだした原因です。つまり、普遍者にてらして自分自身が堕落しているから、自分の中から改革を生みだしうるわけです。神でなくともよい。……特殊を絶対化する考え方からは、自分の中から、自分をトータルにかえてゆく考え方は出てこない。これはファシズムと社会主義・コミュニズムとの大きなちがいですね。

そうした観点から見ると、宗教の政治からの独立は、学問・芸術の政治からの独立の基礎であるし、政治的集団とちがった社会集団の自立性の基礎ですね。ギルド・都市・大学などが国家権力に対して持つ自治の考えの基礎です。……政治的な価値とちがった価値というものの自立性は宗教から始めて出てきたのです。日本の皇室は政治権力であり、同時に宗教権力であったわけで、それ自身特殊の絶対化で、これでは政治学はもとより、一般国家学さえ出て来る余地はない。したがって、そういう考え方がある所では、ガンが転移するように、あらゆる社会集団に同じ考え方がはびこる傾向が強いのです。マルクス主義の中にも入りやすい。これが左翼天皇制といわれているもので、もとは部族信仰です。その点、日本とヨーロッパとちがいますね。

……宗教、つまり聖なるものの独立が人間に普遍性の意識を植えつける。そしてこの見えない権威を信じないと、見える権威に対する抵抗は生まれてこない。見えない権威、それは無神論者は歴史の法則と呼びますが、神と呼んでも何と呼んでもいい、そうしたものに従うことは、事実上の勝敗にかかわらず自分の方が正しいのだということで、……普遍的なものへのコミットとはそういうことです。それが日本では弱い。」(44)

丸山が言う「見えざる（絶対的）権威」、「いかなる地上の俗権をもこえた価値」、「地上の権力を超えた絶対者・普遍者」とはより具体的には何を指すか。私なりにさらに考えてみる。「地上の権力を超えた絶対者・普遍者」については、キリスト教・ユダヤ教における神、イスラム教におけるアラーが直ちに思い浮かぶ。

神の存在を確信する者が地上の権力に屈しない行動としては、歴史教科書にも出てくる、メイフラワー号でイギリス国王の迫害を逃れ、アメリカに渡ったピルグリム・ファーザーズが想起される。現代世界においては、最強の軍事力を背景とするアメリカの圧力と制裁に頑強に立ち向かうイランの抵抗力の源泉がイラン人のイスラム信仰にあることは否定できないところだ。

私自身を含め現代日本人は宗教に無関心な者が多いと思う。しかし日本史上でも、徳川幕府のキリシタン禁令に抵抗したキリスト教信者の天草の乱がある。これについてはやはり歴史教科書に記載があるところだ。

「いかなる地上の俗権をもこえた価値」とは何か。丸山は恩師である南原繁について次のように述べている。

「先生から根本に教わったことは、人間にしろ、国家にしろ、そういう経験的に目の前に存在しているものを絶対化してはいけない。国家というものがいかに大きな力を持っているにしろ、日本の帝国というものがいかに大きな力を持っているにしろ、日本の帝国がやることが正しいのではない。正義というものが日本の帝国の上にあって、それによって日本の帝国自身が裁かれなければいけない。日本の国自身が不正義の道を歩んでいるのであったら、それに与するべきではない、ということです

ね。」(45)

「正義」、「真理」、「人権」、「博愛」、「自由」、「平等」、「独立(心)」等々は、「いかなる地上の俗権をもこえた価値」と位置づけるにふさわしい価値の具体例だろう。

例えば、「正義」を信奉する人間は権力の暴力や威嚇にもたじろがず、屈することなく、あるいはこれに敢然と立ち向かう。軍国主義・日本の侵略及び植民地支配に対する中国人、朝鮮人の抵抗を支えたのは、彼らが自らの闘いは正義であることを確信する故であった。ナチス・ドイツの支配に服することを肯んぜずアメリカに政治亡命した人々の中には、自らが信じる正義に従った者も少なくないと思われる。

私にとって「正義」という言葉は、正直言ってなんとなくまぶしく、迂遠のように響く。しかし、「尊厳」、「自由」、「平等」等の人権にかかわるキー・ワードは間違いなく私を鼓舞するし、安倍政権の悪行の数々に対する私の怒りの炎を駆り立てる原動力である。

また、人権後進国の日本でも近年ようやく人権を守るためのさまざまな行動を目撃することができるようになった。安倍政権の朝鮮学校に対する甚だしい差別に対して日本各地で抵抗、抗議の運動が澎湃として起こっている。これは間違いなく人権を守るための正義の闘いである。

さまざまなマイノリティに属する人々の人権を擁護する行動・活動も、近年ますます活発になっている。これは正に正義の実践である。これらの人々に対する人権侵害に立ち向かうことは正義の防衛だ。「正義」は抽象的すぎてよく分からないと感じる人たちへの私のアドバイスは、「正義」を「人権」に置き換えて考えてみようということだ。

「真理」という言葉も私にとってかつてはやはりまぶしい響きを持っていた。しかし、自分が生きる意味を模索する中で、「人類の歴史は紆余曲折はあっても不断に前進する歴史であること（＝歴史の法則性）は確かであり、自らの生もその前進の歴史にささやかながらも寄与することに意味がある」ということに納得がいったことがあった。「歴史の法則」という真理に対する確信とも言えるだろう。そう理解できたときから、「真理」という言葉は私にとって必ずしも疎遠ではなくなった。

「真理」はなにゆえに「いかなる地上の俗権をもこえた価値」でありうるのか。歴史をひもとけば、地動説を唱えて宗教裁判にかけられたガリレオ・ガリレイが「それでも地球は動く」とつぶやいたとされる逸話は「真理」の持つ力を物語る。沖縄辺野古の闘いが示すように、「人類の歴史は抑圧解放の歴史」という真理を信じる被抑圧者は、権力のいかなる抑圧、弾圧にも屈服しない。

「見えざる（絶対的）権威」とは、丸山が挙げる歴史の法則がそうだし、私にとっては人間の尊厳がまさしくそうだ。人間の尊厳は「普遍」と「個」の両面を備える普遍的な価値である。

（二）「個（尊厳）」

私たち日本人にとって「人間の尊厳」がなんとなくかしこまっていて、よそよそしく感じられるのは、「個」が私たちのなかに確立していないからだと私は思う。欧州では、ギリシャ哲学、キリスト教、ルネッサンス、宗教改革、市民革命などの長い歴史を経ることによって、一人一人の人間が独立した存在であり、その人間だけに備わる固有の価値があるという、「個」及び「尊厳」についての認識が生まれ、成長し、確立してきた。

17世紀中頃にパスカルは『パンセ』で、この認識を「人間はひとくきの葦にすぎない。自然のなかで最も弱いものである。だが、それは考える葦である。……われわれの尊厳のすべては、考えることのなかにある」（中公文庫225頁）と言い表した。「人間は考える葦である」という人口に膾炙した表現の由来だ。

丸山は、人間と他の動物を隔てるゆえんのものはこの点にあることを、次のように説明している。「人間ってのは、環境に対して意味を付与しながら生きていく動物なんです。動物の方が幸福なんですよ。やせたソクラテスと太った豚というミルの問いは、そこから生まれました。……俺はやせたソクラテスを取るというのは、ある意味では、やっぱり人間の尊厳と関係してるんです。（中略）環境と自分との間に、われわれは動物も人間も含めて環境からの刺激に対して反応しながら生きてるんです。これをSR方式といいます。Sはstimulus［刺激］です。Rはresponse［反応］。人間も動物も含めていえば、全部、刺激―反応―刺激―反応、こういう過程なんです。SとRとの反応の速さは、動物のほうが速いです。本能で反応するから。人間は「考える葦」であるっていう、その間に何かモタモタがあるんだ。……刺激に対して意味付与をして初めて反応が出てくる。……考える葦だから、やっかいなんだ。やっかいだけれど、そこに人間の尊厳を認める。

つまり、人間として生まれて人間の人間たるゆえんを認める以外に生き方がありますか、ということなんですね。……動物は生きがいなんて考えないじゃないですか。生きがいなんて考えなきゃ、楽だっていえば楽ですよ。だけど、人間である以上、考えざるを得ない。」(46)

「考える」こと、他の動物にはない考える能力が備わっていることに人間の人間たる尊厳がある。そして、考え方（脳の働き）は人によってすべて違うがゆえに一人一人が「個」を備える。地球上に70億人近い人間が生活しているのに、誰一人として同じものはおらず、独立した、他に譲り渡すことができない「個」として存在するのだ。私はこの事実にときに圧倒され、めまいを覚えるときがある。「個（尊厳）」の価値はすべての人間に備わっており、その価値にはいかなる違いも、差もない。欧州連合（ＥＵ）は１９９８年に、ＥＵへの加盟要件として死刑制度の廃止を課すことを決定した。これは、いかなる重大な罪を犯したとしても、国家権力が死刑という暴力によって人間の尊厳を奪うことはいかなる理由をもってしても許されないという徹底した認識に基づいている。

欧州では、いわゆる尊厳死を認める国も増えている。それは、「死を選択する」という決定を行う本人の意思を最大限に尊重する考え方に基づいている。死刑制度の廃止も尊厳死の承認も「個（尊厳）」を最大限に尊重するという立場に立脚していることが分かる。

〈日本人の意識〉

私は、日本人の「個（尊厳）」にかかわる認識が極めて曖昧だと思う。そのことをもっとも端的に示すのは、死刑制度に対する日本人の考え方に他ならない。そのことは、内閣府が5年に一度実施している死刑制度についての世論調査が示す数字に現れている。

すなわち、死刑制度を容認するものの比率は、1994年：73・8％↓1999年：79・3％↓2004年：81・4％↓2009年：85・6％↓2014年：80・3％↓2019年：80・8％である。2000年代においては、実に5人に約4人が死刑制度を容認しているのだ。

日本人の尊厳死にかかわる認識については、世論調査結果を鵜呑みにすることは危険だと私は思う。この点に関しては、NHKが「生命倫理に関する意識」に関する世論調査を行った（2014年10月）。それによると、尊厳死を認める（「認められる」と「どちらかといえば、認められる」の合計）ものは2002年：80％、2014年：84％だった。ちなみに、安楽死を認める者は、それぞれ70％及び73％だった。

また、厚生労働省は、1992年以後5年ごとに「人生の最終段階における医療に関する意識調査」を行ってきた。特に第1回から第3回においては、「治る見込みがなく、死期が近いときには、延命治療を拒否することをあらかじめ書面に記しておき、本人の意思を直接確かめられないときはその書面に従って治療方針を決定する方法」（リビング・ウィル）について、あなたはどのようにお考えですか」という設問がある。

一般国民の場合、「賛成する」＋「患者の意思の尊重という考え方には賛成するが、書面にまでする必要はない」を合わせた数字は、1998年：82・4％↓2003年：84・3％↓2008年：83・7％だった。ちなみに医師については、87・3％↓87・9％↓93・0％、看護師については、

87・4％↓89・1％↓91・6％だった。

厚労省の設問におけるくせ者は「本人の意思」及びこれを「尊重する」である。「個（尊厳）」という価値が確立している欧州であれば、「本人の意思」とは「本人自身の尊厳ある意思決定」であり、その「尊重」を疑う余地はほぼない。

しかし、「個（尊厳）」が確立していない日本では、「本人の意思」が、例えば「家族に面倒をかけるのは心苦しい」という類の、尊厳とは無関係な要素の働きである場合がむしろ多いだろう。本人の意思を「尊重する」という人（つまり本人の死を看取る側）も、本人の尊厳を尊重した判断ではなく、打算的な判断に基づく可能性が高いだろう。

要するに、「尊厳」に名を借りた尊厳否定の実が行われる危険性が高いということだ。「尊厳死」にかかわる上記世論調査結果は、死刑制度に関する結果と並べてみると、尊厳に関する日本人の意識の稀薄さを裏付けるものである可能性の方が高い。この結果は、集団で群れる日本社会に根強い「他者を気にして自分を押し殺す」精神的土壌の働きが、個（尊厳）を抹殺する力として、日本人の思考を強く縛っている可能性すら示唆している。

〈私にとっての「尊厳」〉

私にとっての普遍は人間の尊厳である。普遍は私という人間を対象として捉えること、すなわち「個」として捉えることを可能にする。同時に普遍は、私が森羅万象を判断する際の客観的モノサシとして私を導く。

日本思想史の相良亨は、次のように述べている。私が以上に述べたことと同じことを別の言葉で言い表しているものだと思うし、私の言わんとすることがうまく伝わっていないかもしれないので、紹介する。

「中国および西欧には、質は異なるが対象化の伝統があった。その点において隣国中国はむしろ日本より西欧に近い。われわれが彼らから学ぶべきものは、そのもっとも根本的なものはこの対象化の姿勢ではないであろうか。

なぜ、私がこのように対象化にこだわるか。私は「人間とは何か」という問いをもっている。問いをもってしまっている。もたされてしまっているといってもよい。この問いは、具体的には、自己自分において、自己自身に向って問われる。その時、私は相良という個有名詞性を全部切り捨てて「人間」を観なければならない。それは私が私相良の外に、方法的に出なければならない。このような仕方で「人間とは何か」が問われ、また答えられなければ、私は確信をもって生きることができない。」

(『日本の思想』1989年)

〈「他者感覚」〉

「個」とかかわって、丸山眞男は「他者感覚」の重要性を指摘している。特に丸山は、私たち日本人に決定的に欠けるものとして「他者感覚」を備えることの必要性を説いた。

「他者感覚」とは、丸山が親友・竹内好について語った中ではじめて使用した言葉だ。その意味は、丸山が「他者をあくまで他者として、しかも他者の内側から理解する目」と定義している。(47)

「他者感覚」という言葉は、私が調べた限りでは、このときが初出である。しかし、丸山は早くからこの感覚を備えることの重要性を説いている。例えば、1943年6月2日に、すでに次のように書き残していた。

「若いうちに、感受の弾力性があるうちに、異質的なものと対決せよ。Stirb und werde!〔「死ね、そして成れ」〕日本思想はやはりどこか自分の本来的傾向を再確認するといふところがあるから、あまり日本の古典ばかりやるのは危険だ。採長補短なんて言つてゐる程のんきな事態にあらず、採長補短では主体は動かないままでゐる。主体が客体に対して捨て身になつてぶつかる事が重要だ。西洋的なもののなかに身をさらせ。Sturm und Drange. 強靱な日本精神はそこからのみ生まれる。」(48)

◇歴史観

歴史を学ぶ上で、他者感覚は不可欠である。つまり、今日的モノサシで過去に起こったことを「批判的」に見るだけではだめだということだ。まずは、内側から理解することに努める。その段階を踏んだ後に、その出来事の持つ今日的意味を考えるのだ。そのことを、丸山は次のように指摘した。

「過去の思想から今日われわれが学ぶということはどういうことなのか。歴史的状況をまったく無視せずに、しかもその思想を今日の時点において生かすということはどういうことなのか。

……百年もまえに生きた思想家を今日の時点で学ぶためには、まず第一に、現在われわれが到達している知識、あるいは現在使っていることば、さらにそれが前提としている価値基準、そういったものをいったんかっこの中に入れて、できるだけ、その当時の状況に、つまりその当時のことばの使い方に、その当時の価値基準に、われわれ自身を置いてみる、という想像上の操作が必要です。……歴史的想像力を駆使した操作というのは、今日から見てわかっている結末を、どうなるかわからないという未知の混沌に還元し、歴史的には既定となったコースをさまざまな可能性をはらんでいた地点にひきもどして、その中にわれわれ自身を置いてみる、ということです。簡単にいえば、これが過去の追体験ということであります。

しかし追体験だけでは、過去を過去から理解する、いわゆる過去の内在的理解が可能になる、あるいはいっそう深くなるというだけです。次には、その思想家の生きていた歴史的な状況というものを、特殊的な一回的な、つまりある時ある所で一度かぎり起こったできごととして考えないで、これを一つの、あるいはいくつかの「典型的な状況」にまで抽象化していく操作が必要になります。あらゆる歴史的できごとというものはそのままではくりかえされません。が、これを典型的な状況としてみれば、今日でも、あるいは今後もわれわれが当面する可能性をもったものとしてとらえることができます。

……こういう操作で、歴史的過去は、直接に現在化されるのではなくて、どこまでも過去を媒介として現在化されます。思想家が当時のことばと、当時の価値基準で語ったことを、彼が当面していた問題は何であったか、という観点からあらためて捉えなおし、それを、当時の歴史的状況との関連において、今日の、あるいは明日の時代に読みかえることによって、われわれは、その思想家の当面した問題をわれわれの問題として主体的に受けとめることができるのです。」(49)

◇政治観

日本のメディアの「中立」とは、往々にして傍観であり、「どっちつかず」と同義だ。私は、公正であることとどっちつかずとは違うと厳しく指摘した丸山の以下の発言がとりわけ気に入っている。

「良識ということは何であるか。私は良識という事は、物事を距離をおいて見るということだと思います。物事を距離をおいて見るということは、傍観するということと違います。傍観というのは、自分だけを取りのぞいておいて眺めている。つまり物事に対してコミットしない無責任な態度、自分自身を無責任な地位におくのが傍観です。自分はもっぱら批判する側にたって、決して対象の中にはいらない。こういう良識派をもって任ずる人は、実は自己自身を隔離しておらない。自分自身をも距離をおいて見てないという点では、むしろ良識を裏切っている。

……距離をおいて見るというのは、自分自身をも隔離する精神です。そうして自分自身を隔離するということは、現代のようなすべての物事の中に政治がはいってくる時代におきましては、自分の言論や行動というものが、不可避的に政治の一定の方向に対してコミットする意味をもつことを、自分で自覚するということであります。……党派性をもっているということを自覚しながら、党派的認識のかたよりを吟味していく――これが現代における良識というものの唯一のあり方だと思う。……

ゲーテは、「自分はフェアであるということは約束できる。しかしどっちにもかた寄らないということは約束できない」と言っている。自分と違った立場に対して公正であるということと、いわゆる不偏不党ということとは違います。一つの立場をもつということと、他人の立場に対してフェアであるということとは、決して矛盾しない。ところが日本ではどっちつかずということとフェアであるということとが、しばしば混同されるのです。」(50)

◇国際観

私は、自分中心で国際問題を判断する日本人の国際観を「天動説国際観」と名づける(236頁)。丸山は、日本人がそうなる原因を他者感覚の欠如で説明する。私もそのとおりだと思う。後で取り上げる「開国」とのかかわりでも他者感覚は重要である。

「今の日本は開国的鎖国なんですね。実際は開国したけれども、他者を他者から理解するという面が、もともと日本人には非常に希薄ですね。自分からみて放射状的なヨーロッパ像であり、中国像であるわけですが、それでしょっちゅう間違っている。どうも他者を他者から理解する面が希薄なのではないでしょうか。」(51)

〈「普遍」と「個」の関係性〉

「普遍」と「個」の関係性についても考える必要があると思う。

私はこの本の執筆に取り組む中で、私が「普遍」と「個」の関係性について安易に考えていたことに気づかされた。以前の私は、「普遍」と「個」は言わば「盾の両面」であって、「普遍」の獲得なくしては「個」を我がものとすることはできず、「個」を我がものにしない者は「普遍」を獲得することもできない、ということは自明であると思っていた。「なぜ自明と言い切れるのか」という疑問も抱いたことがなかった。

◇中国の場合

しかし、中国にかかわって次のように考える自分もいた。中国思想においては古来、「天」、「道」、「理」など、「普遍」の概念が確固とした地位を占めている。しかし、私は、人権問題に関する中国のアプローチ、発想を観察する中で、中国における「ひと」についての捉え方は「個」といういわば抽象概念としてではなく、「生身」の人間に即しているのではないかと考えるようになった。

このような私の受け止め方があながち失当と言えないことは、「尊厳」という「個」の中核的要素に対する中国の受け止め方から判断することができると思う。例えば、西欧起源の「個」の中心に座る「尊厳」という概念に関して、2018年に北京大学教授の兪可平が発表した「人の尊厳を論じる—政治学的分析」というタイトルの論文がある。

彼によれば、「尊厳」という言葉自体は中国に古くからある（例：皇帝の尊厳）。しかし彼は、「人（人間）の尊厳」という今日的意味における「尊厳」は西欧起源であると指摘する。

彼によれば、中国で今日的意味での「尊厳」が公式に使われたのは、1982年憲法第38条が、文化大革命の総括に立って、「公民の人格の尊厳は侵犯されない」と規定したのが最初である。しかし、その段階ではまだ文化大革命の悲劇を繰り返さないという趣旨を表す意味で「尊厳」という表現が使われたのであり、「一般的な哲学及び政治原則」としてのレベルで理解されたものではなかったという。

彼によれば、中国が一般的政治原則としての人の尊厳を正式に提起したのは、2010年に温家宝首相（当時）が「政府工作報告」（日本の「施政方針演説」に相当）において、政府の施政綱要目標の一つとして「人民生活をさらに幸福にし、尊厳あるものとする」と掲げたときが最初である。

以上の兪可平の指摘に従えば、西欧起源の「尊厳」の概念が中国で公式に受け入れられたのはごく最近であることが理解される。

さらに、中国における「ひと」についての捉え方は「個」といういわば抽象概念としてではなく、「生身」の人間に即しているという私の理解が的外れではないことを裏付けるのは、中国の国際人権規約に対する立場である。中国は経済的社会的文化的権利に関する国際人権規約（A規約）は批准しているが、政治的市民的権利に関する国際人権規約（B規約）に関しては署名した（1998年）ものの批准していない。

未だ多くの貧困者を抱える発展途上国である中国は、人権問題における最重要課題は経済の発展を通じて全人民に生存権を保障することであり、経済発展に不可欠な前提条件は社会の安定であるとする。社会の安定を確保する上では、政治的市民的権利を野放図に認めることはできないという立場だ。

1989年の天安門事件、そして2019年以来の香港民主化闘争に対する中国の厳しい姿勢は以上の認識に基づいている。西欧起源の「個」としての人（人間）の政治的市民的権利を無条件無制約に承認することはできないということだ。

以上は中国の人権にかかわる認識だ。しかし、多くの発展途上国の人権に関する認識も、建前はともかくとして、本音的には西欧的であるよりは中国的と見るべきだろう。

また、私のような門外漢が自信を持って言えることではないが、「普遍」に属するすべての思想が「個」の意識の獲得を導くとも言い切れないのではないだろうか。「個」の意識は優れて、古代ギリシャ哲学―キリスト教―ルネッサンス・宗教改革―百科全書（啓蒙思想）という西欧の「普遍」の思想の系列に起源がある。

しかし例えば、中国の「普遍」の思想が「個」の意識の獲得を導くかと問われれば、私の限られた知見による限りではむしろ否定に傾く。例えば、習近平が党総書記になってからの中国は、西欧起源の概念、例えば「デモクラシー」について説明する際、西欧起源であることを認めつつ、同時に中国の政治思想の中にその源泉を見いだすことができるとして具体的に典拠を示すことを意識的に行っている。「デモクラシー」に関しては「以民為本」（『三国志』）あるいは「民為重、君為軽」（『孟子』）がこれに相当するとする。

ところが、「個」をテーマとした論考には私は出会ったこともない。このことも また間接的ではあるが、中国の思想は「個」という抽象的概念とは疎遠であることを示すものではないだろうか。以上から判断すると、中国の思想には「普遍」はあるが「個」は内在していない、という可能性がある。

なお、中国人にとっての「尊厳」の意味を考える上で、最近大きな出来事があったのでつけ加えておきたい。5月に開催された中国の全国人民代表大会（全人代）で、中国初の民法典が採択され、その中で、憲法第38条を受けて「公民の人格の尊厳」を明確に規定した。

民法典について注目するべきは、第一編・「総則編」で「自然人の人身の自由及び人格の尊厳が法律の保護を受ける」と定めていること、それを受けて第四編・「人格権編」（6章51条）が独立して置かれ（世界の民法典でも初めてのこと）、憲法第38条の法的担保・具体化が図られていることである。独立した人格権編を設けた理由としては、新しい時代における人々の要求が、単なる物質的次元だけにとどまらなくなっていることが挙げられている。

すでに述べたとおり、兪可平が「尊厳」の概念が中国で定着したのは最近のことと指摘したのは2018年である。わずか2年で民法典が早くも法的概念として「尊厳の不可侵」を定着させたことには驚きを禁じえない。しかも民法典は、プライバシー権、肖像権などの尊厳に深く関わる権利についても具体的に規定している。

中国は人権には消極的というのが外部世界の一般的受け止めだ。しかし、以上の事実は中国社会がダイナミックに動いていることを理解させるのに十分なものがある、と言えるだろう。

◇日本の場合

以上を断った上で、私は引き続き、「普遍」と「個」はいわば「盾の両面」であって、「普遍」の獲得なくしては「個」を我がものとすることはできず、「個」を我がものにしない者は「普遍」を獲得することもできないという認識にこだわる。日本・日本人が真の意味での「開国」を成し遂げるためには、「普遍」と「個」を我がものにすることが不可欠の前提になると確信するからだ。

日本の思想には「普遍」がないことはすでに指摘した。「個（尊厳）」も未だ確立しているとはいえないことも、死刑制度、尊厳死にかかわる世論調査結果で確認した。尊厳は一人一人の人間が生を受けたときから備わっている。だが、「個」の意識を我がものにしない限り、自らの尊厳を自覚することはできず、他者の尊厳を尊重するという気持ちを育むこともできない。

ところが、政治意識及び倫理意識の執拗低音の影響のもとにある私たち日本人にとって、自覚的・意識的に努力することなしには、「普遍」を我がものにし、「個」を確立することは決して容易なことではない。なぜならば、政治意識及び倫理意識の執拗低音はともに「個」の意識を育むことを妨げるように働きかけるからだ。

すなわち、「捧げる」「献上する」という政治意識の執拗低音も、集団に対する忠誠を中核とする倫理意識の執拗低音も、「個」の意識とは無縁である。それだけではなく、逆に「個」の意識が芽生える可能性を摘み取り、集団の中で没「個」の存在として安住する意識へと誘うのである。

10年ほど前に遭遇した私自身の体験を紹介したい。

東日本大震災を経験した仙台で、医療関係の仕事に従事する青年中心の新人研修で話をする機会があった。私は、個・尊厳をモノサシ（価値基準）にしてものごとを考え、判断し、行動することの重要性をテーマにして話した。

私は、大震災後、盛んに「和」「絆」が強調される風潮には強烈な違和感があった。だから私は、「和」

とか「絆」という言葉は「尊厳」と「個」を押さえつける働きがあるから用心しなければいけないと強調したのだ。

約60人の出席者から感想文をもらった。ところが、私の発言に共感を示したのはごく少数だった。むしろ、次のような反応に接する羽目になった。

「日本人は「和」を大切にする国なので、個性を前面に出していくのは難しいと思いました。自分の意見をもっと言いたいけれど、「言ったらどう思われるんだろう」と思う国になっているのは、もうしようがないのかな、と思いました。」

「みんながみんなそれぞれの個を主張し合うとぶつかり合ってしまうため、みんながまとまるためには、時には自分の意見も抑える必要があるのでは……と感じました。」

「自分の意見や考えを前面に出していくだけでは、自己中心的な人々が増えてしまう（そういう世の中になってしまう）と思う。きれいごとかもしれないが、絆はやっぱり大切だと私は思います。」

「個がないと言われるけれども、個だけを持ち、自分の主張を出し続けていたら、……日本を変えることができるのか。自分の思いを表出することも大切であるが、集団の和も大切ではないのかと私は思いました。」

「入職間もない私たちが先生の「絆」についての見解を伺った時、特に震災後の私たちにとっては、「絆」という合い言葉を頼りに〝がんばっぺ〟とここまでやってこれた気がして、受け入れがたいものがありました。」

以上の受けとめ方の底流に共通して働いているのは、「自分らしさは大切だが、個を強調しすぎると、わがまま・自分勝手に走りやすい」、したがって「個をほどほどに抑えるために集団の「和」・「絆」が大切」という反応だ。年配者からだったのであればともかく、青年たちからのものだっただけに、私は少なからぬショックを味わわされた。

とは言え、私の話の持っていき方もまずかった。対処・対応が後手、後手に回る政府に対する不満・批判をかわし、そらすための「決め言葉」として、「和」、「絆」が持ち出されていることは、私には見え見えだった。しかし、私は政府批判の気持ちをストレートにぶつけすぎた。それが故に、医療の第一線で過重な労働を強いられている彼らの反発を招いてしまった面は確かにある。私は次のように話すべきだった。

「和」とか「絆」という言葉は日本だけのものではない。英語でも「ハーモニー」、「ボンド」という対応する言葉はある。しかし、両者の間には大きな違いがある。

すなわち、「ハーモニー」も「ボンド」も個人の尊重が前提として含意されている。ところが、日本の「和」や「絆」は全体・集団を優先し、個を押さえつける意味合いで使われる。特に東日本大震災後はそうだ。そういう官製の「和」「絆」に引きずられてはいけない。

権力は、「和」・「絆」を強調して私たち一人一人の個と尊厳を押し殺し、私たちを「知らしむべからず、よらしむべし」の愚民に仕立て上げようとするのだ。その結果はどうなるか。権力に迎合する「事なかれ」主義に落ちるのが目に見えている、と。

しかし、青年たちの上記の反応は、戦後60余年も経つのに日本社会には個と尊厳が根づいていないことを明らかにしている。それだけではない。権力の思いどおりに動いてしまう精神的土壌、すなわち政治意識及び倫理意識の執拗低音が相も変わらず作用していることを確認するのに十分すぎるものがある。「普遍」そして「個」を我がものとすることは、私たち日本人にとって優れて現実的かつ非常に困難な課題であるということだ。

五　日本の「開国」への道のり

私は、日本・日本人の「開国」への道のりに関して、三つの可能性があると考えている。精神的「開国」、物理的「開国」、そして強制的「開国」である。願わしいのは、精神的「開国」と物理的「開国」が同時進行することだ。しかし、二つの「開国」が起こらない場合には、最悪の可能性として、いつかの時点で強制的「開国」を強いられることになるだろう。

(一)　精神的「開国」

丸山が「開国」を経験しなければ「普遍」を我がものにすることはできない、というのは集合体としての日本人についての発言である。丸山が「開国」の重要性を説くのは、私たち日本人が集団的に「普遍」の思想を獲得する上では、「怒濤のように横から異質的な文化がやってくる」荒々しい開国という契機が必要だという判断に基づいている。

しかし、個々人についていうならば、その人の自覚・努力次第で「普遍」を我がものにすることは不可能なことではない。個々人の自覚・努力次第で精神的開国が可能な実例として、丸山の体験談そして、若干恥ずかしいのだが、私自身の体験を紹介する。

〈丸山眞男の青少年時代の体験〉

丸山には『丸山眞男回顧談』があり、また、さまざまな機会に自分の体験について語っている。その中から、丸山が「普遍」を意識し、我がものにするに至った個人的な契機・事件・出来事があることを知ることができる。

丸山は、中学・高校時代に2度激しい自己嫌悪に襲われる体験をしたことを語っている。中学生（一中）時代の体験は次のようなものだ。

丸山は、軍事教練に行った宿舎でいたずら騒ぎを起こした首謀者の一人であったにもかかわらず、名乗り出ることができなかった。その結果、ほかの生徒が主犯と目されて大目玉を食らう羽目になった。丸山は、このときのことを次のように語っている。

「すくなくとも十何人かの級友はこの光景を目撃しています。どんなに彼等の目に私はずるがしこい卑怯者と映ったことでしょう。私はいまでも中学のクラス会にあまり出たくないのは、このときだけでなく、中学生時代の自分自身について後々までむかつきたくなるほどの嫌悪感をもよおす思い出があるからです。」(52)

もう一つは、丸山が繰り返し話す、高校（一高）一年生のときの事件だ。

丸山は、「唯物論研究会創立記念大講演会・長谷川如是閑」に目がとまり、その名前に惹かれて会場に入った。そして、左翼学生と目されて特高に捕まり、留置場にぶち込まれた。そのときの記憶を次のように語っている。

「そのときの私はまさしく不覚をとったのです。……今後どういう運命が待っているかまったく可測性のない思想犯の烙印を押された自分は一体どうなるのか、このことが親に知れたら……といった、さまざまの思いが混乱した頭の中で飛びかう第一日の晩に、私の頬をポロリと涙が伝いました。……「不覚」をとって涙をこぼした自分のだらしなさ、しかもそのことを同じ房につかまっている―このほうは本物の―思想犯の学友に見られたことの恥しさの意識は、これまた長く尾をひいて私の心の底に沈澱しました。」(同)

丸山は、そういう激しい自己嫌悪感そのものが「人間の尊厳」を自覚する上での糧となったと、次のように述べている。

「そうした心の傷つき自体が人間の尊厳の楯の半面をなしている、という、いってみれば精神の弁証法を説くことによって、何とも頼りなく弱々しい自我にも限りない慰めと励ましを与えてくれます。……自分の弱さが過ちを犯させたことを正面から見つめ、その苦しさに耐える思いの中から、新たな自信を汲み出して行く生き方です。」(同)

丸山はまた、大学生の時代に尾崎顎堂の講演を聞いたときの感想を次のように語っている。

「電撃のごとくぼくを襲ったのは、顎堂が「われわれの私有財産は、天皇陛下といえども、法律によらずしては一指も触れさせたもうことはできない。これが大日本帝国憲法の主旨だ」と言ったことです。ぼくは目からウロコが落ちる思いがしました。……いかなる権力も侵すべからざる権利としての私有財産というのはヨーロッパ的ですね。なるほど、そういうものかと思ったので強く印象に残っ

ています。」(53)

丸山は、師事した南原繁から教わったことについて次のように語っている。

「その時（日本が軍国主義に走っていった一九三〇年代以後）に、私たちの先輩の日本の知識人を見ておりまして、私は青年ながらも、日本の知識人は何か非常に弱いところがある。自分の周囲の動向、風潮、風向きというものに対して非常に弱い。……「自分はここに立っている。これより他に仕様がない」という本当の自分の立脚点というものを持たない。周りの動向というものに流される。そういう弱さがあるということを非常に感じた。その中にあって南原先生とか矢内原先生という人々は―必ずしもキリスト者だけではありませんけれども―少しも揺るがなかった。……正しいか正しくないか、何が真理であるか、何が正義であるか、ということをまず第一に自分の態度決定として決めるという、当時の日本人の中の非常に少数の―私の見ていた範囲では―方々であったわけです。……つまり先生から根本に教わったことは、人間にしろ、国家にしろ、そういう経験的に目の前に存在しているものを絶対化してはいけない。国家というものがいかに大きな力を持っているにしろ、日本の帝国というものがいかに大きな力を持っているにしろ、日本の帝国がやることが正しいのではない。正義というものが日本の帝国の上にあって、それによって日本の帝国自身が裁かれなければいけない。日本の国自身が不正義の道を歩んでいるのであったら、それに与するべきではない、ということですね。」(54)

丸山に関しては、「近代主義者」というレッテルを貼られることがある。しかし、彼自身の言葉に耳を傾けるとき、彼の「普遍」及び「個」の獲得の契機として、実に生々しい自己体験があったことを知ることができる。

〈個人的体験〉

私が「普遍」と「個」を我がものにするに至った個人的体験についても紹介する。その趣旨は、私のような凡人であっても、心がけ次第では「普遍」と「個」を獲得することができないわけではないことを知ってほしいというに尽きる。

すでに述べたとおり、「普遍」は人によってさまざまであり得る。キリスト教徒にとっては神であろう。マルクス主義者にとっては歴史的法則だろう。西洋哲学における真理、正義、また儒学における理、道など、「普遍」の思想はさまざまに唱えられてきた。

自らにとって外なる絶対的な権威、それが「普遍」である。自らが確信する外なる絶対的権威の前に立つとき、その前で人は自らの「個」を自覚する。「普遍」は言うならば自らを映し出す鏡である。私にとっての「普遍」は、「歴史の法則性」に対する確信もあるが、なんと言っても「人間の尊厳」である。

「尊厳」(dignity)という概念は欧州に由来する外来のものである。私にとってははじめはよそよそしい、なじみにくいものだった。「人間の尊厳」を体得したと実感し、それが物事を判断する際の唯一無二のモノサシとして私の考え方を導くようになるまでには、長い年月がかかった。

私は中学生の頃から、「自分という存在を無にする死」の恐怖にさいなまれた。この恐怖をなんとか克服できないか、ともがく時間は長かった。その中で、「この世に私という存在が生を受けたことは無意味ではないことを得心できれば、恐怖自体は克服できないとしても、死に臨む際の自分をなんとか納得させることはできるのではないか」という、願いとも考えともつかない気持ちがいつしか生まれ、とりあえずのよりどころとなっていった。

さらに模索する中で手がかりとなる認識の展開があった。つまり、「ジグザグはあるけれども、人類は確実に発展・進歩の道を歩み続けている」という、素朴だけれども確かな認識が生まれ、それが徐々に確信に変わっていったことである。

そして最終的に、私自身の得心がいく生き方は、この人類の歴史的な発展・進歩の歩みにほんのわずかでも参加し、プラスになることを常に心掛けることだ、と思えるようになった。「歴史の法則性」という「普遍」をいつしか我がものにしていたということだ。

後に丸山の一連の発言に接する中で、丸山が同じことを述べていることを知った。私の「私自身の得心がいく生き方」を、丸山は「死ぬ時に「俺はやることはやった」という、そういう思いがあればいい」(55)と表現している。私の「人類の歴史的な発展・進歩の歩みにほんのわずかでも参加し、プラスになることを常に心掛ける」を、丸山は「絶対的な真理に部分的にせよ参与する」(56)と表現している。これらの箇所に出会ったときに味わった充実感は忘れることができない。

しかし、「人類の発展」と言ってもあまりにも抽象的であり、漠然としすぎている。私は次の段階として、「人類の発展」とは具体的には何を意味するのか、ということを考えることを迫られた。私にとってヒントとなったのは人権の歴史だった。つまり、最初は豊かな白人男性だけに認められた人権が、まず財産に関する制限が取り払われ、次いで性別制限が取り除かれ、さらには人種的差別も撤廃されるという過程を経て、社会的弱者・マイノリティにも目が届くに至って、最終的に人間の尊厳の承認に基づく「普遍的人権」概念の成立に至った歴史だ。

こうして私は最終的に、「人類の歴史とは、人間の尊厳という普遍的な価値をすべての（例外なく一人一人の）人間にあまねく実現することを目標として歩み続ける歴史である」という私なりに納得できる結論に到達した。

この私の認識的到達点に関して、丸山は次のように述べている。私はこの文章に出会ったとき、自分の認識が間違っていないことを確認できたという満足感をいまも鮮明に思い出す。

「普遍的なものへのコミットだとか、人間は人間として生まれたことに価値があり、どんなに賤しくても同じ人は二人とない、そうした個性の究極的価値という考え方に立って、政治・社会のもろもろの運動・制度を、それを目安にして批判してゆくことが「永久革命」なのです。」(57)

しかし、いまから振り返れば、そういう私の認識はまだ頭の中でのものに過ぎず、「体得」というにはほど遠かったと思う。私が人間の尊厳を文字どおり体得する上では、障がいを持って生を受けた孫娘との出逢いがさらに必要だった。私が人間の尊厳を、頭のなかでの理解に留まらず、私の体の中に溶け込むように我がものにし、私がありとあらゆる事柄を判断する際のモノサシとしてごくごく自然に据えるようになったのは、孫娘の存在を抜きにしては考えられない。

会うたびに驚かされる孫娘の着実な発達・成長は、その存在の重み、すなわち彼女という人間の尊厳を私にずっしりと実感させてくれるものだった。誤解を恐れずに言えば、障がいがあるからこそ確認できる着実、確実な発達であり、成長であったのだ。

いわゆる健常な子だったら「当たり前」で簡単に見過ごしてしまう発達・成長が、実は大変な奇跡の連続であり、積み重ねであることを目の当たりにできたのである。「人間ってなんてすごいんだろう」という実感だ。

直感力とか感受性とかが乏しい（要するに鈍感である）ことを自覚している私である。会うたびに私を驚かせてくれる孫娘との出会いという機会がなかったならば、人間のはかりしれない可能性、すごさ、すなわち尊厳を、素直にしかも継続的に体感することはあり得なかっただろう。

一人の「個」である人間が持つ可能性、それこそ尊厳の源である。会うたびに目撃する、彼女の何気ない所作としての発達・成長が私を驚かせてくれること自体が、人間のかけがえのなさ、つまり尊厳を、私に不断に実感させてくれたのだ。

人間の尊厳は「独立した存在（「個」）」を抜きにしてはあり得ない。孫娘は正に「個」そのものである。これは、「個」を確立している母親（私の娘）のもとで育ってきたことが大きいと思う。もう一つ誤解を恐れずに言えば、孫娘が「個」をしっかり備えているのは、障がい者として育ってきた環境とも無縁ではないとも思う。

私は、教育学にはなんの縁もない。しかし、素人の印象論として言いたいことがある。日本人の多くは、集団の中にいてはじめて安心感が得られる（「群れる」ことに安住する）。その一つの大きな原因は、保育園・幼稚園時代に始まる集団生活で、「個」を押さえ込むルールにがんじがらめにさせられる環境にあるのではないか。

幸か不幸か、障がいがある孫娘はそういう環境に押し込まれることがなかった。すなわち、そういう集団的ルールを適用できず、一人一人の障がい（個性）に応じた教育を行う「特別支援学級」「特別支援学校」という、恵まれた⁉環境で「個」をすくすく育んできたというわけだ。以上、自分の個人的体験をあえて書いた。そのわけは、「普遍」である「尊厳」は確かに西欧起源ではあるが、私たち日本人がそれを体得することは可能であることをハッキリさせたかったからである。

蛇足だが、私は明治学院大学に在籍していたとき（国際学部教授）、提携校のカリフォルニア大学からの留学生（毎年20名近く）に日本政治論を講義する機会が数年間あった。日系アメリカ人の学生も毎年数人いた。彼らとの接触を通じて確認したのは、日系人であっても、幼いときから日本社会とはまったく異質なアメリカ社会という環境で成長すれば、「個」を備えた人間存在となるという、実は当たり前の事実だ。

逆のケースもあるようだ。人づてに聞いたことだ。欧米系の人間でも、日本社会で数世代にわたって住み続けると、日本人の執拗低音に染まるらしい。日本という「ムラ」に安住し、パワハラもしでかす「ボス」的存在にもなるのだ。

日本人の「血」(DNA)を曳くものは「普遍」、「個」とは無縁、あるいは欧米人は生まれつき「普遍」、「個」を備える、というがごとき「宿命論」を唱える向きはいないと思うが、念のためにつけ加えておく。

(二) 物理的「開国」

私は、日本人が総体として執拗低音を克服するためには物理的「開国」が不可欠だと確信する。以前の3回の「開国」は外から押し寄せるものだった(96頁)。しかし今、物理的「開国」において私が考えているのは、日本が意を決して正真正銘の多民族国家に生まれ変わることだ。そのことによって、「普遍」「個」を獲得し、歴史意識、倫理意識及び政治意識の執拗低音を根絶やしする荒療治を行うのである。

日本では少子化、高齢化が歯止めなく進行している。このままでは、日本経済の先行きはもちろん、日本の将来すら危ぶまれる危機的状況が確実に進行している。

ところが日本は、政治的理由による難民申請に対してさえ堅く門を閉ざしてきた。外国人が日本国籍を取得するための条件も極めて厳しい。人口問題で鎖国政策が一貫して続いているということだ。

その理由はハッキリしている。「単一民族国家・日本」という神話にしがみつき、「国体」を維持するためには日本が衰退していくのもなんとも思わない、「終戦詔書史観」を奉じる勢力（安倍を筆頭とする日本会議に名前を連ねる面々）が日本政治を牛耳っているからだ。

私が懸念するのは、多くの日本人も現状に満足しており、日本が多民族国家に生まれ変わるという大方向転換を行うことには消極的と見られることだ。これには歴史意識の執拗低音が作用していることは間違いない。日本人の「現実」観は変化を恐れる方向に働くからだ。

しかし、いったんある方向に向かって変化が発生すると、日本人は我先にその変化の流れに身を投じるというのもよく見られることだ。これは、「変化の流れ」に身を委ねる「大勢順応」という現象である（60頁）。

したがって、いまの日本人が多民族国家への転換に対して消極的であるからといって物理的「開国」は不可能だと諦める理由はまったくない。

〈出入国管理法改正〉

もちろん、安倍政権も日本の現状に危機感ゼロというわけではない。そのことは、人手不足が深刻な分野を中心にして、外国人労働者の受け入れを拡大する政策を打ち出したことで確認できる。2019年4月1日に施行された改正出入国管理法がそれである。

具体的には、同法に「特定技能」という新たな在留資格を導入した。そして、人材不足が深刻な14業種（介護業、ビル・クリーニング業、素形材産業、産業機械製造業、電気・電子情報関連業、建設業、造船・舶用工業、自動車整備業、航空業、宿泊業、農業、漁業、飲食料品製造業、外食業）に限って外国人の就労を認めることとした。これにより、５年間で最大約34万５千人の外国人労働者の受け入れ、労働力不足に対処しようというのである。

ちなみに従来は、就労のための在留資格が認められるのは大学教授、医師などの高度な専門的分野の業種に従事する者に限られていた。単純労働分野に関しては、「日本で学んだ技能を母国に伝える」ことを目的とする技能実習制度に基づいて来日する実習生、留学生の法令違反すれすれのアルバイトでまかなってきたのが実情だ。

ところが、単純労働者不足が深刻化し、そういう小手先の対策では対応しきれなくなった。それで安倍政権は、経済界の要望に応え、上記の制度を導入したというわけである。

この法律案に関する国会審議の過程では多くの問題点が指摘された。例えば、しんぶん『赤旗』（２０１８年12月９日）に見る日本共産党の立場・主張は次のようなものだ。

同党は、「日本で働くことを希望する外国からの人たちや家族をどのように受け入れ、安心して働いて暮らせる共生社会をどうつくっていくかは、日本の国のあり方の基本と将来にかかわる重要な問題」であるという認識を示す。その上で、「安倍政権には、外国人労働者の人権と尊厳を最優先で保障する姿勢がみられません」と、同法案の問題点の所在を指摘した。

また、立憲民主党、国民民主党等の有志議員による議員連盟は、「現行の技能実習制度を温存する政府案に対し、これを廃止して新たな「外国人一般労働者受け入れ制度」を創設する」ことを柱とする対案要綱を了承した。しかし、立憲民主党首脳部が同法案への「徹底抗戦」を優先したため、この対案は日の目を見ることはなかったとされる。

私が暗然たる気持ちに襲われたのは国会論戦の次元の低さである。与党の経済界べったりのアプローチは論外だ。だが、ネットで検索した限りでは、法案が審議された国会における野党の批判も、「外国人労働者の受け入れ方はどうあるべきか」という極めて限られた視点からのものに終始していた。日本の人口問題という本質的問題に対する正面からの批判は提起されなかったようである。

私に言わせれば、この法律が予定する小手先の外国人受け入れでは執拗低音の根絶やしにはまったくつながらない。ここに根本的な問題がある。

かりに百歩譲って、野党に丸山の問題意識を共有することを期待するのは100％無理としよう。しかし、野党の「現実」的アプローチに視点を限定するとしても、少子高齢化が進行する日本の将来をどうするのかという問題意識は最低限持ってほしかった。

もっとも、仮に野党が「少子高齢化が進行する日本をどうするのか」という問題意識に立って安倍政権を追及したとしても、その対応が変わるはずはなかっただろう。

「美しい国」日本に固執する安倍からすれば、「少子高齢化に歯止めをかける」ために日本を徹底的に生まれ変わらせる、という発想自体が論外であるに違いない。安倍にとっては、いまある「国の形」を温存することが大前提だ。その大前提のもとで、労働者不足に悲鳴を上げる特定14業種に限定して外国人受け入れ拡大を図るというのが経済界に対してなし得る最大限の譲歩なのだ。

私が主張する「多民族国家への日本の生まれ変わり」のための人口政策の大転換は、安倍を筆頭とする自民党内右翼勢力にとっては、「国の形」を変えようとする危険思想以外の何ものでもないだろう。

〈リー・クアンユーの日本批判〉

私は、野党が安倍の思想的立場を共有しているとまでは考えていない。しかし、日本のいまの危機的状況をどこまで深刻に受け止めているかについては大いに疑問がある。外国人労働者受け入れ問題は、この危機的状況が生み出している問題の氷山の一角であることは間違いない。

以上に述べた事実は、日本政治に対する基本的な危機感が与野党を問わず完全に欠落していることを物語っている。そういう「内向き」の日本について、かつてシンガポールの初代首相を長年勤めたリ・クアンユー（李光耀）は、「日本を凡庸な国に変えたのは何か」と題する文章で鋭く批判した。

リー・クアンユーは1923年生まれで2015年に92歳の人生を閉じた。この文章は彼が最晩年（91歳という高齢）に記したものだが、私はこの文章のどの内容についても、批判はおろかケチもつけられない。この文章を通してリー・クアンユーは、安倍をはじめとする自民党右翼勢力の思想的体質に日本の少子高齢化という人口問題の本質があることを剔抉している。しかも彼は、一般の日本人も現状を支持していることまで見抜いている。

「いわゆる大和民族の純血を維持することは、日本人にとって当たり前の、根深い考えのようだ。

これが原因で、外国の移民受け入れにより出生率の問題を解決しようと、公の場で議論しようとする人がいない。日本の一般人にせよ、政治界のエリートにとっても、これは最初から選択肢でさえない」というくだりは、私の以上の指摘と同工異曲である。リー・クアンユーは丸山の執拗低音の言説には接していなかっただろうが、彼がその言説に接したならば、膝を打って同感したに違いない。

この文章は、なるべく多くの日本人が熟読玩味し、私たちに潜む閉鎖的（「鎖国」的）な傾向を見直すための教材とする価値があると確信する。若干長いが、あえてここで紹介する。２０１４年３月26日付 BWCHINESE 中文網が掲載した全文である。

「日本が直面している最も深刻な課題は、人口問題だ。日本社会は高齢化が深刻で、若い世代の数が不足している。これと比べれば、停滞に陥った経済、リーダーシップのある指導者の不足といったその他の問題は、問題にもならないほどだ。日本の人口問題が効果的に解決されなければ、国の将来は暗いものになる。

シンガポールも低出生率の問題に直面しており、私たちは日本と比べて楽観できるわけではない。しかしこの二つの国には、本質的な差がある。シンガポールは移民受け入れにより、この問題の一部を解決した。

一方で日本人は移民排斥で有名な民族だ。いわゆる大和民族の純血を維持することは、日本人にとって当たり前の、根深い考えのようだ。これが原因で、外国の移民受け入れにより出生率の問題を解決しようと、公の場で議論しようとする人がいない。日本の一般人にせよ、政治界のエリートにとっても、これは最初から選択肢でさえないのだ。

私は日本人が示した、大和民族の純血に対する誇りを目にしたことがある。第二次世界大戦中に、日本がシンガポールを植民地にした数年間、私はキャセイパシフィックのビルで英文誌の編集員だった。

日本軍の兵士は毎年12月8日、そこで祝賀式典を開いていた。彼らは日本刀を振りかざし、「我々日本人は、天照大御神の子孫だ」と口にしていた。当然ながら現在の日本人はこんなことを言わないだろうが、心の奥深くではこれを信じ続けており、変化が生じていないと思う。

心の奥底で、このような教え（我が民族は神聖であり、その他の民族は劣等だ）を深く信じているならば、多くのことが進めにくくなる。

例えば移民により人口の構造的な問題を解決するという常識的なプランは、一つの選択肢になったこともなければ、口にすることのできないタブーでさえある。例えば私が日本の指導者であれば、見た目が日本人と大差ない民族、例えば華人、高麗人、さらにベトナム人を受け入れようとするだろう。日本国内には実際に、華人、高麗人、ベトナム人、その他の国の人が居住している。私は高麗人が56万6000人、華人が68万7000人というデータを目にしている。

彼らは日本語を上手に話し、生活習慣とマナーは身辺の大和民族の日本人と変わりない。これらの日本に住む外国人は、日本社会に完全に溶けこむことを願っている。しかし日本社会は事実上、これらの日本で生まれ育った人をも完全に受け入れることができない。これは日本人が、これらの人を「自分たちと違う民族」と見なすからだ。

人口とその構造は、国の運命を左右する重要な問題だ。一国の人口が減少あるいは次第に高齢化するということは、その国が衰退へと向かっていることを意味する。高齢者は家でテレビを見ていれば快適という場合が多く、高級レストランに行くことも少なければ、車を買い替えたり、スーツやゴルフクラブを買うこともない。高齢者は必要なものがすでに揃っており、消費が極端に減るのだ。この点、私は日本の未来に強い危機感を感じる。

今後10年以内に、日本国内の消費規模は縮小の一途を辿るだろう。近年かくも多くの経済刺激策が打ち出されたにも関わらず、所期の目標に何一つ達しないのもその前兆であろう。

現在日本は、技術面で依然米国を追随し、新規特許取得件数では世界第二のイノベーション大国となっているが、最終的にイノベーション力と特許件数を決めるのは高齢者ではなく若者だ。数学の分野では、凡そ21歳が絶頂期といわれ、その後偉大な業績を残す数学者は非常に稀だ。

２０１２年5月、私は「アジアの未来」というシンポジウムに出席するために訪日した。期間中、私は多くの日本政府高官と言葉を交わし、その中で、とりわけ日本が如何にして人口問題を解決するのかについて彼らに見解を求めた。

彼らを刺激しないよう、「移民を受け入れるということは考慮しているか」とは問わず、「どうやって解決すべきか」とだけ尋ねた。すると、彼らの口から出る答えは、その多くが「産休と出産助成金の確保」というものだった。

私は失望した。助成金がどれほどまでの効果を発揮するというのか。同じような政策を実施した国を見てもその効果は非常に限られているではないか。これはお金で解決が図れるような単純な問題ではなく、人々のライフスタイルの変化、考え方の変化といった社会の総合的な要素がもたらした問題であるのだ。フランスやスイスのような出産支援策の成果があがった国であっても、そのプロセスは緩やかで、莫大な資金が投じられている。

日本は今、世界でなんら変哲もない平凡な国へと向かっている。当然、国民の生活水準は今後すぐには低下しないだろう。西洋諸国と違い、日本の「外債」は少ない。しかも、日本の科学技術は依然高水準で、国民の教育水準も非常に高いためだ。

これらすべての条件が時間稼ぎをしてくれるが、最終的には人口問題が暗い影を落とし、そこから逃げ出せなくなるだろう。もし私が日本の若者なら、他の国への移民を考える。日本に明るい未来は見えないからだ。」

日本が人口政策を抜本的に見直し、積極的に海外からの移民を受け入れることによって多民族国家に生まれ変わることは、「未開社会」「未開民族」の日本を、21世紀国際社会に生きるにふさわしい、活気に満ちた国家へと生まれ変わらせることが大いに期待できる。そして、異なる歴史、文化、価値観を持つ多くの人々が日本社会に溶け込むことは、私たちに「普遍」及び「個」を獲得させる契機を与え、日本人の歴史意識、倫理意識及び政治意識のあり方に巨大な影響を与えるだろう。

その結果、執拗低音が私たちの意識を緊縛する力は徐々に弱まり、最終的には日本人全体の精神的「開国」を招来するだろう。不幸にして多民族国家への生まれ変わりという選択を拒否する状況が続く場合には、私たちを待ち受けるのは強制的「開国」しかない。

(三) 強制的「開国」

私は、今日の日本政治は末期症状を呈しているとつくづく思う。その最大の原因は、1945年8月15日に日本はポツダム宣言を受諾して国として「生まれ変わる」ことを国際社会に約束したことが国民的に忘れ去られてしまっていることにある。

国民的に忘れ去るというのは簡単なことであるはずはない。しかし、二つの要因の働きによって、その簡単ではないことが現実に起こった。一つは内的要因、そしてもう一つは外的要因である。

内的要因は改めて言うまでもなく執拗低音の働きだ。この問題についてはすでに縷々述べた。外的要因とは、敗戦・日本が、同じく敗戦したドイツとは異なり、アメリカの単独占領・支配の下に置かれたことだ。

ともに敗戦国となったドイツと日本は、今日さまざまな面で対極的な位置にある。その重要な原因の一つは、ドイツが米英仏ソ4カ国による分割占領に置かれたのに対して、日本はアメリカの単独占領だったことにある。

ドーバー海峡のおかげでドイツの侵攻を免れたイギリスはともかくとして、ナチス・ドイツによって散々な目に遭わされたフランスとソ連には、アメリカに迎合してドイツに対して手を緩めるという選択はあり得なかった。そのため、ドイツはナチズムの過去を徹底的に清算することが運命づけられた。

その結果、ドイツは欧州で模範的な民主国家となった。ドイツは、欧州統合の流れに積極的に参加した。数世紀にわたってライバル関係にあったフランスと緊密な協力関係を築いた。そして、フランスとともに、欧州統合の流れを主導してきた。

ドイツと社会主義・ソ連との関係は順風満帆ではなかった。しかし、ドイツはソ連崩壊後のロシアとは率先して関係構築に努めてきている。

日本はどうか。日本国内では、アメリカの単独占領だったために東西ドイツのような分割を免れることができた、という肯定的な評価が支配的である。分割占領を免れたことはそのとおりだ。しかし、日本を占領したアメリカの自国本位のご都合主義は、戦後日本の歩みに対して重大かつ決定的な負の影響を及ぼすこととなった。

最大の問題は、アメリカはポツダム宣言作成を主導したにもかかわらず、ソ連との決定的対立を背景にして、率先してポツダム宣言を骨抜きにし、日本を反ソ反共同盟の目下のパートナーに育て上げるという戦略転換を行ったことだ。

極東裁判で死刑判決を受けたものを除けば、軍国主義・日本を主導した政官財の指導者のほとんどが復権し、戦後・日本の指導的地位に復活した。さらに、アメリカの戦略転換が決定的になる前の段階で、日本はポツダム宣言の趣旨を体した日本国憲法を作ったが、アメリカの戦略転換によって憲法の平和主義は空洞化を強いられ、民主的諸制度も形骸化されていくこととなった。

それにも劣らず重大なことは、以上の結果として、日本人の政治意識及び倫理意識における執拗低音が無傷で温存されたことだ。

私がよく比喩的に言うことだが、戦後の日本政治は「お上」を天皇からアメリカにすげ替えるだけですべてが収まってしまった。政府・自民党及び外務省の「親米」主義にとどまらず、日本人の広範な層の間でも「親米」の心情が染み渡る今日の状況は、執拗低音の働きを考えれば決して不思議でもなんでもない。

さらにアメリカは、建国後の歴史が今日なお浅いこともあり、国際関係における歴史的要因の働きに無頓着である。このことは、日本人が歴史意識における執拗低音を温存することを客観的に可能にした。

すなわち、アジア諸国を侵略し、植民地支配を行った過去を持つ日本にとって、アジア諸国との間の「過去の清算」は避けて通ることができない課題だったはずである。しかし、アメリカの対アジア政策、対日政策にはこの認識が決定的に欠落していた。

アメリカが追求したのは反ソ反共戦略だった。日本の対中国政策そして対朝鮮半島政策もこの戦略上の要請に応えることが最優先された。その結果が日華平和条約（1952年）であり、日韓基本関係条約（1965年）だ。日本はアメリカの反共反ソ戦略最優先のおかげで、「過去の清算」という課題に向き合うことを回避することが許されてしまったのだ。

ドイツは欧州において市民権を確立し、欧州統合の要としての役割を担っている。しかし、日本は今日なお中国、韓国、朝鮮をはじめとするアジア諸国との関係の基盤が脆弱なままだ。

かつてはアジア諸国との関係を牽引した「経済的盟主」としての地位もいまや中国に奪われてしまった。その結果、日本のアジアにおける立ち位置すら定まっていない状況だ。その根本の原因は、日本が「過去」と正面から向き合うことをかたくなに拒否していることにある。

〈原点回帰〉

私は、日本の以上の状況を根本的に改めるためには、ポツダム宣言の原点に戻る以外にないと思う。しかし、今日の日本政治の末期的症状を思うと、私たち日本人が自覚的にこの原点に回帰する内在的エネルギーを持っているとは、残念ながら考えられない。

最悪のシナリオは残っている。すなわち、戦後の日本政治において一貫している右傾化の流れだ。これを見るとき、極右ナショナリズムが暴走してアメリカの警戒感を高め、アメリカを含む国際社会が日本の暴走を阻止するべく総掛かりで押さえにかかってくる可能性は決して排除できないと思う。

その際に国際社会の総意が日本に突きつけるのは、「日本がポツダム宣言で受諾した国際約束を果たせ」ということになるだろう。それが正に強制的「開国」の意味することに他ならない。

◇ポツダム宣言

ポツダム宣言が降伏の条件として日本に要求したのは3点だ。第一、軍国主義の清算と平和国家への生まれ変わりを柱とする徹底した非軍事化（第6項、第7項、第9項）。第二、徹底した民主化（第10項、第12項）。第三、日本の領土的ナショナリズムの再燃を緊縛した第8項。

強制的「開国」が日本に迫るこの3点についてさらに考えることとしたい。しかしその前に、ポツダム宣言は今日も法的に「生きている」ことを確認しておかなければならない。

ほとんどの日本人が忘れてしまっていることがある。それは、ポツダム宣言は1945年当時だけではなく、今日においても日本を縛るもっとも基本的な国際法規範であるということだ。

もう一度繰り返す。「国際社会＝アメリカ」という通念が支配する日本では、天皇に代わって「お上」の最高位についたアメリカがポツダム宣言を骨抜きにし、「お蔵入り」させたことは、「いま」だけがすべてという歴史意識の執拗低音の働きと相まって、日本人がポツダム宣言を「忘れる」ことに道を開いた。

しかし、同宣言の当事国である中国及びロシア（ソ連の後継国）はアメリカのご都合主義の対日政策に同意したことはない。また、同意するはずもない。両国は事あるごとにポツダム宣言が法的に「生きている」ことを確認してきた。ロシアの場合、日本との平和条約締結の前提として、日本が第二次大戦の結果（＝ポツダム宣言の効力）を確認することを繰り返し要求している。

また、日本がアメリカに刃向かうような事態は未来永劫にわたって起こらないと、誰が断言できるだろうか。私たちが肝に銘じておくべきことがある。そのような事態が起これば、アメリカが再びポツダム宣言を持ち出して、日本に「待った」をかけてくる可能性が十分にある、ということだ。

その証拠は、アメリカはポツダム宣言を「忘れた」わけではない客観的な事実があることだ。

私たちは小笠原が「返還」され、沖縄も「返還」されたと受け止めている。正確に言えば、政府・自民党の世論工作によってそう信じ込まされている。しかし、小笠原と沖縄に関する二つの協定には「返還」という文言はない。

もう少し詳しく説明する。ポツダム宣言第8項は、日本の主権は本州、北海道、九州及び四国に「局限」され、他の「諸小島」の扱いは連合国が決定すると定める。それを受けて、日本はサンフランシスコ対日平和条約で、台湾、千島列島等に対するすべての権利を放棄する（第2条）ことに同意した。対日平和条約はまた、沖縄、小笠原等について、国連の信託統治に置くアメリカの「国連に対するいかなる提案にも同意し、その提案が行われ、可決されるまでは、アメリカが「行政、立法及び司法上の権力の全部及び一部を行使する権利（いわゆる「施政権」）を有する」（第3条）と定める。小笠原及び沖縄に関する二つの日米間の協定の規定（ともに第1条）は、対日平和条約第3条を受けたものである。

要すれば、小笠原にしても沖縄にしても、対日平和条約では国連の信託統治に置くことを予定している。それが実現するまでの間はアメリカが施政権を行使するとしているのだ。二つの協定は、アメリカが対日平和条約第3条に基づいて行使していた施政権を「日本のために放棄する」とし、日本がそれを「引き受ける」ことを定めたに過ぎない。

アメリカが条約に基づいて持っていた権利を「日本のために放棄する」という表現も、また、日本がアメリカの放棄したその権利を「引き受ける」という表現も違和感を拭えない。こういう奇怪な規定ぶりになったのは、アメリカがポツダム宣言を無視できないからなのだ。

つまりアメリカは、小笠原と沖縄の領土的帰属は連合国（米英中露）が決定するとしたポツダム宣言第8項を無視できない。なぜ無視できないか。いくら厚かましいアメリカといえども、ポツダム宣言が「生きている」ことを公然と否定するわけにはいかないからだ。

◇宣言の対日法的拘束力

以上を踏まえた上で、改めてポツダム宣言の日本に対する法的拘束力を確認しておこう。

まず、終戦詔書において昭和天皇は、ポツダム宣言を「受諾する」ことを政府に「通告」させたと述べる。そして降伏文書では「「ポツダム」宣言ノ条項ヲ誠実ニ履行スルコト……ヲ天皇、日本国政府及其ノ後継者ノ為ニ約ス」と定めている。つまり、日本はポツダム宣言の条項を将来にわたって誠実に履行することを約束している。

しばしば反論として出されるのは、ポツダム宣言は政治的文書だから法的拘束力は持たないという主張だ。確かに宣言自体はそうだろう。

しかし、天皇は条約締結権限を有する（明治憲法第13条）立場でポツダム宣言を受諾した。加えて、国際条約である降伏文書が同宣言の条項を履行することを約束した。これにより、ポツダム宣言が国際法上の拘束力を持つに至ったことは明らかである。

しかも降伏文書は、念入りに「後継者」を含めて約束した。このことは、ある意味興味深い。条約の拘束力は当然後継政府をも縛るわけだから、本来は不必要な言及だ。しかし、「不都合な過去」を消し去ろうとする、「いま」に生きる日本人の歴史意識の執拗低音に歯止めをかける意味では、後継者を含めて約束したことの今日的意味はある。くどいが、「後継者」には安倍政権も当然含まれる。

〈「9条」〉

政府・自民党が主張する「9条改憲」論の系譜を見れば明らかなとおり、その主張は必ずしも終始一貫したものではない。畢竟するに、政府・自民党は、ポツダム宣言が日本に課した「徹底した非軍事化」の要求を体現した9条の存在が気に食わないし、受け入れられないのだ。だから、9条を改廃することによって宣言の痕跡を消し去ることに執着するのである。

彼らにとってもっとも望ましいのは9条の削除だ。しかし、9条を支持する民意は分厚い。現実問題としてそれが不可能であることは分かっている。したがって彼らは、長年にわたって手を変え品を変えてさまざまな「9条改定」提案を行ってきたというわけだ。

自民党の改憲草案を見てみよう。草案は、「内閣総理大臣を最高指揮官とする国防軍を保持する」と規定する。軍隊の創設を明確に意図している。

「9条改憲」を悲願とする安倍の新提案は違う。彼が新たに打ち出したのは、「9条1項、2項を残しつつ、自衛隊を明文で書き込む」(2017年5月3日のビデオ・メッセージ)という提案だ。自民党草案と比較すれば明らかに「後退」である。

安倍はなにゆえにこの提案を持ち出したのか。それを理解するためには、日本国憲法制定以来のいわゆる「9条論議」の変遷を踏まえる必要がある。

◇「9条論議」の変遷

9条制定の直接の出発点はいわゆる「マッカーサー3原則」(1946年2月3日)の第2原則だ。このことはよく知られている。当時のアメリカはまだポツダム宣言に基づいて対日占領政策を行う考えだった。

明治憲法に代わって制定されるべき新憲法に、ポツダム宣言が日本に要求した「徹底した非軍事化」を体現する規定を盛り込むことはアメリカの既定路線だった。当時の日本政府(吉田茂首相)もこうしたアメリカの意向を踏まえた国会答弁を行っていた。しかし、米ソ冷戦の本格化、中国大陸における共産党政権の成立等の国際情勢の変化を受けて、アメリカの対日政策は180度転換した。

マッカーサーは1950年に、「この憲法の規定は……相手側から仕掛けてきた攻撃に対する自己防衛の侵しがたい権利を全然否定したものとは絶対に解釈できない」(新年の辞)と述べた。つまり、9条は自衛権の行使まで否定するものではないと解釈する立場を明らかにした。その後の9条論議が自衛権の行使をめぐって争われることとなった出発点はここにある。

日本政府は、もともと「徹底した非軍事化」に心底コミットしていたわけではなかった。日本政府にとって、アメリカの上記の方針転換は歓迎するところだったに違いない。

吉田首相は直ちにそれまでの発言を翻し、独立回復後の日本は自衛権を有すると主張した。ただし、第9条2項の戦力不保持の規定を考慮せざるを得ず、この段階では「武力によらない自衛権」と限定した。

ところが、朝鮮戦争勃発直後にマッカーサーは警察予備隊の創設を命じた。そのために日本政府は、憲法が「保持」を禁じた「戦力」と「警察予備隊」（後の自衛隊）とは矛盾しないと説明をする必要に迫られた。

その後も若干の紆余曲折はあったが省略する。とにかく、最終的に「戦力とは自衛のための必要な限度を超えるものをいう」という解釈が編みだされた。その解釈が今日まで続いている。

しかし、「自衛のための必要最小限度」という基準は抽象的で、いかようにも解釈できる。その具体的な内容をめぐって、その後の「9条論議」が展開されることになったわけだ。

「9条論議」にはもう一つの争点がある。それは国連憲章（第51条）が自衛権として「個別的又は集団的自衛の固有の権利」を定めたことに由来する（国連憲章に「集団的自衛権」が規定されるに至った経緯は省く）。

政府・自民党（内閣法制局）の解釈は一貫していた。すなわち、日本は国際法上の権利としては集団的自衛権を有する。しかし、9条が認めるのは自国防衛の権利のみであり、他国を防衛する権利（集団的自衛権）は認めていない、とするものだ。

1980年代までのアメリカは、日本政府のこの立場を認めていた。アメリカとしては、日米安保条約に基づいて、日本が基地を提供するだけで十分だった。戦争は自前で行うとしていた。

1970年代から80年代にかけて、アメリカの相対的実力は一貫して低下し続けた。加えて、1990年代冒頭に米ソ冷戦が突然終結した。そのときに起こったのが湾岸危機だった。アメリカは多国籍軍方式を編み出し、同盟国・友好国の参加・支援を募ってイラクと対決した。

アメリカは、同盟国・日本にも多国籍軍への参加・支援を要求した。すなわち、日本が集団的自衛権の行使に踏み込むことを要求したのである。政府・自民党はこの要求に応えることに汲汲とした。その結果、従来の解釈を維持するのは難しくなったというわけだ。

私たちが確認するべき重要なポイントがある。「9条論議」は、「アメリカの対日軍事要求の拡大→政府（内閣法制局）の9条解釈拡大」というパターンで一貫しているということだ。アメリカの対日軍事要求のエスカレーションの歴史は、「再軍備（1950年：マッカーサー指令）→基地使用（1952年：日米安保条約）→後方支援（1990年：湾岸危機・戦争）→海外派兵（2003年：イラク戦争）」と大雑把にまとめることができる。

もう一点指摘しなければならないことがある。政府が解釈する「集団的自衛権」の中身と国際法上の「集団的自衛権」の中身とは違うということだ。

内閣法制局が追求したのは「アメリカの要求と9条との折り合いをつける」というに尽きる。一方では、アメリカの対日要求を満足させなければならない。しかし他方では、9条との整合性をつけなければならない。内閣法制局が苦心惨憺したのは、アメリカの対日要求(集団的自衛権への踏み込み要求)に応じて日本が取る措置は、あくまでも9条が許す個別的自衛権(固有の自衛権)の範囲内であると強弁する理屈を編み出すことだった。

一例を挙げて説明しておこう。国際法上、「基地の提供」は軍事的後方支援であり、集団的自衛権の行使の一態様である。ところが内閣法制局が編み出した「解釈」によれば違うのだ。

内閣法制局は、「軍事行動と一体化するか否か」を違憲か否かの判断基準とする。一体化すれば9条違反(=集団的自衛権行使)、一体化しなければ9条違反にはならない(≠集団的自衛権行使)というのだ。「基地の提供」は後者だから憲法違反にはならないとする。

国際法にはそんな分け方は存在しない。法制局の「解釈」は国際的に通用する代物ではないのだ。しかし、国会論戦では、野党は政府(法制局)が設定した「土俵」上で議論することに飼い慣らされてきた。

国会論戦における「9条論議」では、以上はほんの一例であり、こうした摩訶不思議の例は数知れないほどあることもつけ加えておく。

不幸であり、ある意味滑稽でもあるのは、野党のだらしなさである。野党は、国際法上の概念である集団的自衛権というモノサシで内閣法制局の苦し紛れの「解釈」を剔抉することは一度としてなかった。「政府の設けた土俵で相撲を取る」ことに甘んじてきたのである。

◇執拗低音の働き

野党は、内閣法制局が必要に迫られてその都度その都度示す苦し紛れの「固有の自衛権」の拡大「解釈」を、「国際法上認められるものではあり得ない」とバッサリ切り捨てることはなかった。その「解釈」を受け入れてしまった上で、政府が具体的にとる（とろうとする）行動が、政府自身の「解釈」から逸脱するから「憲法違反」だ、と批判する不毛なパターンが固定されてきた。

歴史意識の執拗低音の働きの表れの一つとして丸山が指摘したのは、「支配権力が選択する方向性」（権力性）を「現実」として受け止めてしまう日本人の性向である。それがここでも如実に表れていることを思い知らされる。

しかし、内閣法制局主導の「個別的自衛権の解釈を際限なく広げる」手法も最終的に行き詰まった。その結果として、「集団的自衛権行使は9条のもとで認められている」とする安倍政権の閣議決定強行（2014年7月1日）がある。

本来、閣議決定という政治行為によって憲法解釈を変更できるはずはない。ところが、そういうことがまかり通ってしまう。これまた、歴史意識の執拗低音である「既成事実に屈服する」日本社会ゆえである。

◇安倍「改憲」の狙い

集団的自衛権の行使が合憲であるとする日本的「現実」から出発すれば、アメリカの対日軍事要求に応じることに何の障害もなくなる。9条改憲に固執する理由はもはやないはずだ。

しかし、安倍が9条改憲に固執する真の目的はポツダム宣言の痕跡を跡形もなく消すことにある。それを一気に実現することは叶わぬ夢だ。そのことを自覚せざるを得ない安倍がいま悲願とするのは、「9条改憲」の先鞭をつけ、「9条廃止への道筋を切り開いた功労者」として歴史に名を刻むことにあるのだろう。それが「9条1項、2項を残しつつ、自衛隊を明文で書き込む」という提案だ。

ちなみに、安倍が自衛隊を持ち出したのは彼なりの世論の動向を見据えた計算がある。そのことは見え見えだ。国民の多くがいまや自衛隊の存在を受け入れている。そのことは、内閣府の世論調査（2015年3月9日）でも明らかだ。

自衛隊に「良い印象を持っている」とする者の割合は92・2％（「良い印象を持っている」41・4％＋「どちらかといえば良い印象を持っている」50・8％）だ。「悪い印象を持っている」とする者の割合は4.8％（「どちらかといえば悪い印象を持っている」4.1％＋「悪い印象を持っている」0.7％）に過ぎない。世論は圧倒的に自衛隊の存在に肯定的である。安倍としては、国会という障害物をクリアし、国民投票に持ち込むことができさえすれば成算あり、と踏んでいるに違いない。

◇ポツダム宣言回帰の意味

ポツダム宣言回帰という強制的「開国」は、安倍を筆頭とする政府・自民党の9条改憲路線に最終的引導を渡すことになる。それだけではない。ポツダム宣言が日本に要求するのは徹底した非軍事化であること、9条はその具体化に他ならないことを日本人すべてが再確認を迫られる。

9条は、米ソ冷戦時代には「理想主義」と揶揄された。9条は、21世紀の国際環境においても相変わらず「理想主義」という非難を浴びるだろうか。ここでは問題提起にとどめる。項を改めて考えることを予告しておく。

〈「民主化」〉

ポツダム宣言は日本が徹底した民主化を実現することを要求した。しかし、「日本国政府ハ日本国国民ノ間ニ於ケル民主主義的傾向ノ復活強化ニ対スル一切ノ障礙ヲ除去スヘシ」及び「言論、宗教及思想ノ自由並ニ基本的人権ノ尊重ハ確立セラルヘシ」（第10項）とする文言は抽象的に過ぎた。そのために当初は、明治憲法のもとで「大正デモクラシー」が実現したことも踏まえ、明治憲法の関連規定を改定する必要はないという認識が憲法学者の間でも共有されていた。

しかし、敗戦・日本の「民主化」における根本の問題は、私たち日本人が「個」として、また、主権者としての自覚を我がものとすることができるか否かにあった。そして、この課題を日本人一人一人が主体的に解決するためには、政治意識及び倫理意識の執拗低音を克服し、「お上」意識及び所属する集団に対する忠誠心を清算することが不可欠である。そのことは、これまで縷々述べてきたとおりである。

丸山が庶民大学三島教室で講義を行ったときの体験談（58）を読むと、敗戦直後の日本の「庶民」レベルにおける新しい息吹・エネルギーのほとばしりを追体験できる。そこには間違いなく「個」の意識、主権者としての意識の芽生えを感じることができる。

このような息吹・エネルギーが日本社会全体を覆い尽くすまでになっていたならば、あるいは日本における民主化の実現は夢ではなかったかもしれないと思う。しかし、アメリカの対日占領政策が早々と180度転換したことは民主化への機運に大きくブレーキをかけることとなった。この点もすでに述べたとおりである。

◇終戦詔書史観

政治意識及び倫理意識の執拗低音の克服を妨げたもう一つの要因は、戦後政治を牛耳ってきた保守政党及びその指導者の思想信条が一貫して旧態依然であることである。その原因としては、昭和天皇の終戦詔書に示された歴史認識の後々までの影響をあげなければならない。

昭和天皇はポツダム宣言を受諾して降伏に応じた。しかし、宣言は天皇の認識の所在を余すところなく明らかにしている。

第一、天皇はアジアに対する侵略戦争・植民地支配を「東亜ノ解放」と正当化する立場に固執している。アジア諸国・民族に対する反省・謝罪の表明はおろか、その意思も皆無である。

第二、天皇は米英に対する宣戦を「帝国ノ自存ト東亜ノ安定トヲ庶幾スル」ものとして正当化する立場に固執した。宣言を受諾したのは戦争継続が「民族ノ滅亡」を招き、皇祖皇宗に申し訳が立たないからだと強弁している。宣言の対日要求を真摯に受け止めた上での受諾ではなかった。

第三、天皇は今後の日本の進路として、臣民に対して「神州ノ不滅ヲ信シ」「国体ノ精華ヲ発揚」すること、要すれば神国・日本を復興することを要求している。

私は、以上3点からなる昭和天皇の歴史認識を「終戦詔書史観」と名づける。この歴史認識は改めて言うまでもなく、安倍をはじめとする日本会議が今日なお奉じるものに他ならない。日本を極力美化し、正当化する立場と「徹底した民主化」を要求するポツダム宣言の立場とは「水と油」「氷炭相容れず」であることは明らかだ。

◇保守政治の連続性

政治意識及び倫理意識の執拗低音の克服を妨げた三番目の要因としては、戦前政治と戦後政治との間の人的連続性の問題を考えるべきである。すなわち、アメリカの対日占領政策の転換を受けて恩赦が行われ、軍国主義日本を支配していた多くの政界、財界の指導者が大挙復権し、戦後保守政治の主流を形成した。

彼らは世論へのおもねりから、「自由」「民主」「改進」等の看板を政党名に冠した。しかしそれはしょせん「仏を作って魂入れず」に過ぎなかった。保守政党は執拗低音を温存する強固な組織的温床として、国民的な意識変革を妨げる防波堤として立ちはだかってきた。

また、アメリカの対日占領政策は間接統治であり、戦前からの官僚機構がほぼ無傷で温存された。「官尊民卑」の思想は「官」の側では今日ようやく影を潜めつつあるという見方は生まれている。しかし、「民」の側における「お上」意識は相も変わらず根強いものがある。

◇戦後文教政策

政治意識及び倫理意識の執拗低音の克服を妨げた四番目の要因は戦後の文教政策だ。文部・文科省及び自民党文教族を筆頭とする戦後保守政治が進めてきた文教政策の「成功」は否めようがない。

アメリカの対日占領政策は、日本人の意識改革の観点から教育の民主化を重視した。明治憲法下の教育勅語に代わるものとして、新憲法の下で教育基本法が制定された。ポツダム宣言が要求した日本の「徹底した非軍事化」の集中的表現が「9条」であり、同宣言が要求した日本の「徹底した民主化」の集中的表現が「教育基本法」だ、と言えるだろう。

ポツダム宣言を跡形なく消し去ることを悲願とする戦後保守政治は、9条を徹底的に敵視し、その改廃に全力を傾けてきたように、教育基本法を徹底的に敵視し、換骨奪胎することに全力を注いできた。その集大成が2006年12月の「新教育基本法」の成立である。民主政治は「個」を備える主権者の存在を前提とする。その「個」をそぎ落とし、「お上」に従順な国民を大量生産することが新教育基本法の最大の狙いであると、私はあえて断じる。

◇日本のマス・メディア

政治意識及び倫理意識の執拗低音の克服を妨げた五番目の要因として、日本のマス・メディアの脆弱な体質という問題がある。

「報道の自由」は、政治的市民的権利の根幹の一つである「表現の自由」(市民的及び政治的権利に関する国際規約第19条)の不可分の一部を構成する。それは、欧米諸国の歴史において、ジャーナリズムが政治権力との不断の闘いを通じて勝ち取った、権力の暴走をチェックするために不可欠な基本的な権利である。しかし、日本のジャーナリズムはそのような輝かしい歴史を持たない。

明治憲法の下における言論の自由は「法律の範囲内」で認められたに過ぎない（第29条）。日本国憲法の下では、表現の自由は無条件で認められている（第21条）。しかし、政府・自民党の巧妙な働きかけによって、この権利は骨抜きにされてきた。

私は外務省勤務時代に次のことを目撃した。１９６０年代後半以後、政府・自民党が組織するさまざまな審議会等にジャーナリズム代表が参加するようになった。彼らは当初こそ「権力の内側から権力を監視する」という大義名分を掲げていた。しかし、「ミイラ取りがミイラになる」までにたいした時間を要しなかった。

その結果、政府・自民党が垂れ流す情報がいまや、「事実」あるいはマス・メディアの「独立した判断」として報道されるに至っている。独自の判断材料を持たない（積極的に探そうともしない）日本人はそれを鵜呑みにするほかない状況に追い込まれているのだ。

◇野党・労働運動

政治意識及び倫理意識の執拗低音の克服を妨げた六番目の要因として、戦後の革新政党、労働運動の問題を挙げなければならない。

率直に言う。彼らは、歴史意識、政治意識、倫理意識において過去（執拗低音）を引きずったままである。彼らの多くは、構成員の自覚的・自発的参加に依拠する民主的組織体へと生まれ変わることができないまま今日に至っている。

政策は中央が決定し、党員、組合員はこれを支持することが要求される。運動方針も中央が決定し、党員、組合員は「動員」にかり出される。

党員、組合員も中央（「お上」）の決定に従い、動くことに違和感を覚えない（政治意識の執拗低音）。中央の決定に同意できず、従うことに抵抗を感じるものがいても、「組織の一員」という意識が「個」の意識に優先する（倫理意識の執拗低音）。「個」（党員、組合員）の主張が組織（政党、組合）を動かすという仕組み（制度）もビルト・インされていない。

かつてはそうだったかもしれないが今は違う、と言われるかもしれない。私も自分が間違った観察をしていることを心から願うものである。しかし、個人的体験を二、三紹介しておきたい。

私はときどき講演に呼ばれることがある。「動員をかけたが、どれだけの人数が集まるか心配だ」と主催者が申し訳なさげに口にするときほど味気ない思いをすることはない。

出席者が少ないからではない。「動員」（執拗低音の働きを無意識に前提にしている）という言葉が死語になっていないことを確認させられるからだ。加えて、動員に応じて仕方なく参加した出席者の多くは無反応であり、私は「壁に向かって話をする」気分を味わわされることになる。

また最近、日本共産党は、中国共産党を「共産党という名に値しない」と批判する内容の綱領の改定を行った。この問題については項を改める。ここで最低限言わなければならないのは、「中国共産党は大真面目で、かつ真剣に中国の特色ある社会主義の建設を目指している」という事実である。しかし、党中央の綱領改定提案には異論は出されず、そのまますんなり成立した。執拗低音が広く党員に間に浸透していることを再認識させられる思いを味わわされた。

◇民主主義

私は、「民主主義というのは理念と運動と制度との三位一体で、制度はそのうちの一つにすぎない。理念と運動としての民主主義は、……「永久革命」（である）」(59)とする丸山眞男の規定に基本的に同感だ。ただし私としては、「民が主」を根本とする民主（デモクラシー）の理念は21世紀の今日もはや国際的に確立している、しかし、運動と制度としての「民主主義」（デモクラティズム）は「永久革命」である、と規定したい。

「民が主」であるという理念については、さすがの日本においてもいまや表だって異議を唱える向きはあるまい。しかし、憲法が規定した議会制民主主義制度が「民が主」という理念にふさわしい機能を果たしているかと言えば、明らかに「ノー」である。

国会では、「民主主義とは多数決のことである」、「すでに審議時間は十分とったのでこれ以上（審議する）必要はない」とする、多数を頼んだ自民党の主張がまかり通る。連立与党の公明党は唯々諾々と従う。

衆議院における小選挙区制の導入は、自民党総裁に候補者選定の絶対的権限を与えた。その結果、政治的に無能な総理総裁が絶大な権限を掌握する。あげくは三権分立という大原則が形骸化される始末だ。

「高級官僚」の人事任命権の官邸集中は、官邸の顔色のみを窺って行動する官僚機構を現出させた。議会制民主主義が健全に機能する上では「官僚機構の中立性」が不可欠だ。しかし、いまや中立性の跡形もない。

制度としての民主主義が機能不全・マヒに陥っているのは日本だけではない。アメリカの「トランプ現象」、イギリスの「ブレグジット」、フランスの「黄色いベスト運動」等々。米欧先進諸国が国際関係をリードし、途上諸国に対する政治的軍事的な干渉・介入を正当化する根拠だった欧米型「デモクラシー」の屋台骨は大きく揺らぎつつある。

その根本原因は、19世紀に整備された諸制度が大衆社会の現実にマッチしなくなっていることにある。そのことは、米欧諸国では深刻に認識されている。ところが、日本ではそういう問題意識が国民的に共有されるまでにならない。それは正に、執拗低音が私たち日本人の意識を緊縛して、思考を停止させているからである。

制度としての民主主義が機能不全・マヒに陥っていることに対する異議申し立てこそ、運動としての民主主義の本質である。この運動を通じて民主主義は、さらに自らを深化させていくはずだ。

ところが、自らの既得権が脅かされる米欧の既成エスタブリッシュメント（主要メディアを含む）は大衆の直接的な政治参加を「ポピュリズム」として警戒感をあらわにする。滑稽なのは、日本ではそうした大衆の政治参加が現出せず、無風状態であるのに、米欧メディアに倣って「ポピュリズム」として否定的にレッテル張りが行われることだ。これもまた執拗低音の働きを抜きにしては理解することができない現象である。

◇強制的「開国」

強制的「開国」は、以上に述べたさまざまな問題点について、日本人が振り出しに戻って総決算することを強要することになるだろう。そのときの日本はアメリカの単独占領だった1945年当時と異なり、日本に対して好意的とは言えない国々を含む国際社会の集団的監視の下に置かれる。執拗低音の温存を許した以上6点の問題も総点検が迫られることになるだろう。

〈「領土」〉

ポツダム宣言第8項の存在を忘れない者である限り、敗戦した日本が北方4島（南千島）、竹島（独島）及び尖閣諸島（釣魚島）の領有権をロシア、韓国・朝鮮及び中国と争うという発想が起きるはずはない。なぜならば、宣言第8項は明確に、日本の主権が及ぶのは本州、北海道、九州及び四国と限定し、これら4島以外の「諸小島」の主権については連合国が決定すると明確に定めているからである。

「諸小島」が日本の「固有の領土」であったか否かは問うところではないのだ。逆に言えば、「固有の領土」論を持ち出してロシア、韓国及び中国と争う日本・日本人がいるという事実ほど、ポツダム宣言の存在が国民的に忘れ去られていることを如実に示すものはない。国民的健忘症は、歴史意識の執拗低音の働き以外の何ものでもない。

ロシア、韓国・朝鮮及び中国は、改めて言うまでもなく、日本にとってもっとも重要な近隣3国である。ところが、3国との関係は良好というには程遠いものがある。

日本の異常さを知る上でいい材料がある。敗戦・ドイツが戦後一貫してフランス、ポーランド、チェコ等の近隣諸国との友好関係構築に務めてきたことと比較してみることだ。日本がロシア、韓国・朝鮮、中国との関係の緊張・悪化を意に介さず、領土問題に執心を燃やし続けてきたことは異常ですらある。

◇アメリカの政策

日本に発言権がないはずの「領土」問題で、戦後日本が近隣3国と争い続けることを可能にした原因についてはすでに述べた。念のために繰り返そう。サンフランシスコ対日平和条約制定過程を終始主導し、領土・領域問題で意図的に曖昧な規定を行ったアメリカの戦後対日政策に最大の原因がある。

この問題に関しては、原喜美恵『サンフランシスコ平和条約の盲点』（渓水社）という優れた研究がある。原教授は主にアメリカ政府の当時の文献を丹念にフォローした。そして、「条約の領土条項と、それが立案された背景を分析」し、「特に、個々の領土処理がその立案過程で、他の領土条項といかに連携していたのか解明」した。

この研究成果で明らかにされているのは次の諸点である。

第一、アメリカには日本の「固有の領土」について特別扱いする意図は皆無だった。そもそも「固有の領土」という概念すら、アメリカ政府の検討過程で登場しない。

第二、北方4島（南千島）に関しては、ヤルタ協定及びポツダム宣言の当事者であるアメリカはソ連が手放すことはあり得ないことを知悉していた。ところが、対日平和条約に加わらない同国に「恩恵は与える必要はない」として、「他の領土処理（日本による放棄）との整合性」を理由に日本による「放棄」のみを定めた。

第三、竹島（独島）に関しては、条文作成検討過程では朝鮮への帰属をハッキリさせる案文も検討された。しかし、米ソ冷戦激化を受け、日本を戦略的に重視する政策的考慮から、竹島に言及する案はお蔵入りになった。

第四、尖閣（釣魚島）に関しては、条約立案過程で独立して扱われたことはない。沖縄と一括で処理された。

第五、原教授の次の指摘は特に重要だと思う。

「（アメリカ主導の）対日戦後処理では、全ての領土が独立して個々に処理されたわけではなかった。「未解決の諸問題」の発生は、戦後の占領政策中、平和条約中、そしてその後これらの領土処理が検討された際、その時々に存在した領土処理同士や他の問題とも関連していた。」

要するに、アメリカは、意識的に領土処理に曖昧さを忍び込ませた。そのことによって、爾後の日米関係処理におけるアメリカの対日主導権を確保する上での材料にしようとしたのである。同時に、対日平和条約の以上の曖昧さは、アメリカが黙認する（我関せずの立場をとる）もとで、日本が「固有の領土」論を持ち出すことを可能にしたというわけだ。

しかも日本国内では、支配階級を中心として、江戸時代に起源を持つ「ロシア警戒」感情、日清戦争勝利後に急速に台頭した「シナ蔑視」感情、そして歴史的に古い起源を持つ「朝鮮支配」意識がある。これらの感情・意識を国民感情にすり込ませる上では、領土問題は格好の触媒として働く。加えて、領土問題を顕在化させることはロシア、韓国・朝鮮、中国に対する国民的な対抗感情（領土ナショナリズム）をさらに増幅する。

しかし、日本がロシア、韓国・朝鮮そして中国と領土問題で争うことは、東北アジアにおける国際関係に緊張要因を持ち込む。それは、ひとりアメリカのみを利することになる。そして、それこそがアメリカの狙いでもある。

日米軍事同盟は、アメリカがアジア太平洋地域で中露両国と対抗するための要石だ。日韓両国が不安定な関係にあることはアメリカがバランサーとして介在することを可能にする。日本で極右勢力が台頭し、アメリカの思いどおりに動く存在でなくなる場合には、アメリカはポツダム宣言を持ち出し、米中露韓による対日包囲網を形成して、日本の息の根を止めることができる。

◇21世紀の「領土問題」

私は、21世紀におけるウィン・ウィン（脱パワー・ポリティックス）との時代の国際関係と20世紀までのゼロ・サム（パワー・ポリティックス）が支配した国際関係とを峻別しなければならないと強調する（192頁）。21世紀の国際関係においては、領土問題及びこの問題がかき立てる領土ナショナリズムは過去の負の遺産として扱うべきだと考える。

強調したいのは、私たち日本人が領土問題をあげつらうことはポツダム宣言（第8項）によって禁じられていることを国民的コンセンサスとして確立する必要があるということだ。強制的「開国」は否応なしにそのことをすべての日本人に思い知らせることになるだろう。

六　21世紀国際社会と日本

私たちが「開国」を成し遂げ、執拗低音を自覚的に克服した暁には、日本は21世紀国際社会において、憲法前文の「平和を維持し専制と隷従圧迫と偏狭を地上から永遠に除去しようと努めてゐる国際社会において名誉ある地位を占めたい」という決意を現実のものとする主体的（国民的）条件を備えることになるだろう。しかし私は、日本が国際社会で名誉ある地位を占めることができるためには、私たち日本人はもう一つ大きな課題を直視し、解決する必要があると思う。

それは国際問題にかかわる諸問題である。具体的には、以下の5つの問題を考えたい。

第一、21世紀国際社会について正確な認識を持つこと。特に、21世紀国際社会は20世紀までの国際社会とはまったく異なる社会に変貌しつつあることを認識することである。

第二、国際観を正すこと。私流の表現をすれば、天動説的国際観を克服して地動説的国際観を我がものにすることである。

第三、「脅威」認識を正すこと。具体的には、20世紀まではやった伝統的「脅威」観に振り回されず、21世紀の「脅威」（この言葉は適切ではない。後で説明する。ここでは便宜的に使用している）とは何かを正しく踏まえることである。

第四、国家観を正すこと。国際関係にかかわる基本的概念、特に「国家」、「大国」にかかわる私たちの基本的認識を正すことである。

第五、国際機関に関する見方を正すこと。国際機関の位置づけ、特に国際連合の役割とその限界について正確に把握することである。

（一）21世紀国際社会について正確な認識を持つ

21世紀国際社会は、主に三つの点で20世紀までの国際社会とはまったく異なる。21世紀国際社会は、20世紀までの国際社会とはまったく別の、異質な社会に変貌しているのだ。

第一、人間の尊厳（及び基本的人権）が普遍的価値として国際的に承認され、確立したことである。

第二、国際的相互依存が不可逆的に進行していることである。

第三、地球規模の諸問題が待ったなしの解決を迫られるに至っていることである。

この三つの要素は21世紀国際社会をそれまでの国際社会とはまったく別物にした。その最大の特質は「戦争からの決別」にある。21世紀は「脱戦争の世紀」とも言える。

（イ）人間の尊厳

国連憲章（1945年）、世界人権宣言（1948年）、そして国際人権規約（1966年採択、1976年発効）をはじめとする国際人権法は、人間の尊厳が不可侵であることを宣言した。

国連憲章は、二つの大戦による「惨害」を踏まえて人間の尊厳を「改めて確認」することを前文冒頭で述べる。世界人権宣言前文はより端的に、「人類社会のすべての構成員の固有の尊厳と平等で譲ることのできない権利とを承認することは、世界における自由、正義及び平和の基礎である」と冒頭で宣明する。

国際人権規約は、「国際連合憲章において宣明された原則によれば、人類社会のすべての構成員の固有の尊厳及び平等のかつ奪い得ない権利を認めることが世界における自由、正義及び平和の基礎をなすものである」と前文冒頭で述べる。

しかし20世紀後半の世界は、あいかわらずパワー・ポリティックスが支配する世界だった。すなわち、米ソ冷戦（90年まで）及びアメリカの一極支配によって力の論理が支配した。人間の尊厳が顧みられることはなかった。

21世紀も9・11で幕を開け、先行き不安感が世界を覆ったことは事実だ。だが、脅威と見なされる主たる対象が個別の国家からテロリズムに代わった。ある意味皮肉なことではあるが、そのことは人間の尊厳に対する人々の認識を新たにするという客観的役割を果たした。

国家間の暴力（戦争）においては、戦争遂行者は何かしらの大義名分を掲げるものである（ヒトラー・ナチスは例外）。そのことにより、殺人を正当化する論理が働く。そのことは、人間の尊厳を踏みにじり、抹殺する戦争の本質を隠蔽するのだ。

しかし、テロリズムは無差別殺戮だ。その標的は人間の尊厳そのものだ。人間の尊厳を踏みにじることがテロリズムの名分であり、本質である。テロリズムは、戦争と異なって他のいかなる口実も設けない。しかも、テロリズムは時間、場所を選ばない。

その結果、いつ何時自分がテロの標的になるか分からないという恐怖感が世界を覆うことになった。人間の尊厳を否定するテロリズムの猖獗は、人間の尊厳に対する認識を深めるという逆説的結果を導くことになったのだ。

人間の尊厳の不可侵が世界的に共有されるに至ったことは、20世紀までの戦争観に対する再考を迫らずにはおかない。

〈尊厳と戦争の違法化〉

実は、各国における人間の尊厳の承認は死刑制度廃止の流れを生み出している。ＥＵは２００９年に死刑制度廃止をＥＵ加盟承認の条件とした。一橋大学の王雲海教授はアムネスティ・インタナショナルの統計に基づいて、次のように指摘している。

すなわち、国連加盟１９３カ国中、２０１８年時点で正式に死刑制度を廃止したのは１０６カ国にのぼる。制度は残しつつ長年執行していない事実上の廃止国を加えると１４２カ国に上るという。ＯＥＣＤ加盟36カ国に限れば、通常犯罪に対する死刑制度を維持しているのはアメリカ、日本及び韓国（ただし、長年執行していない）だけであるとする（出所：２０１９年9月14日付朝日新聞デジタル記事）。

国家による制度的暴力の双璧は死刑（国内）と戦争（国際）だ。戦争一般に関しても廃止へつながる国際的な潮流を指摘することができる。それは、国際聯盟規約（1920年発効）→不戦条約（1929年発効）→国連憲章（1945年発効）である。

国際聯盟規約は、第一次大戦の反省に立って、「戦争又は戦争の脅威は、聯盟国の何れかに直接の影響あると否とを問わず、総て聯盟全体の利害関係事項たることを茲に声明す。仍って聯盟は、国際の平和を擁護するため適当且つ有効と認むる措置を執るべきものとす。」（第11条1項）と定めた。ただし、この規定はまだ戦争一般を違法化するまでには至っていない。

世界大恐慌直前のいわゆる戦間期に締結された不戦条約はさらに前進した。それが第1条の以下の規定である。

「締約國ハ國際紛争解決ノ爲戰爭ニ訴フルコトヲ非トシ且其ノ相互關係ニ於テ國家ノ政策ノ手段トシテノ戰爭ヲ抛棄スルコトヲ其ノ各自ノ人民ノ名ニ於テ嚴肅ニ宣言ス」

国策追求手段としての「戦争を放棄する」という文言は戦争を違法化したものと、広く受け止められている。ちなみに、日本国憲法9条は不戦条約を体現していることはよく知られている。

国連憲章は、国際聯盟規約及び不戦条約が第二次大戦勃発を食い止められなかった反省に立って、明確に戦争一般を違法化した。それが第2条4項の以下の規定である。

「すべての加盟国は、その国際関係において、武力による威嚇又は武力の行使を、いかなる国の領土保全又は政治的独立に対するものも、また、国際連合の目的と両立しない他のいかなる方法によるものも慎まなければならない。」

さらに憲章は、「国際の平和を擁護するため適当且つ有効と認むる措置を執るべきものとす」という聯盟規約の規定が実際には無力だったという深刻な反省に立っている。その反省の具体化が、「平和に対する脅威、平和の破壊及び侵略行為に関する行動」を定めた第7章である。

すなわち、国連（安全保障理事会）は、第2条4項に違反する行動をとるものに対して、軍事行動を含む適切な行動をとって、国際の平和と安全を担う重要な権限を与えられている。これが集団安全保障措置とされるものである。システムに着目して、国連中心の集団安全保障体制と呼ばれることもある。

◇憲章第51条

しかし、国連憲章作成の交渉が行われた当時にはすでに米ソ対立が深まっていた。国連憲章第2条4項は維持しつつ、法的な「抜け穴」を設けておく必要があるという考慮から、国連憲章第51条を設けたのだ。

すなわち、第51条は、主権国家が本来有するとされる自衛権の概念を膨らませ、「個別的又は集団的自衛の固有の権利」を加盟国に認めた。「集団的自衛権」とは、畢竟するに、伝統的な軍事同盟を法的に正当化する根拠規定だ。「固有の権利」とされるが、国連憲章が新たに創設した「権利」である。

◇「多国籍軍」

１９９０年に湾岸危機が勃発した。しかし、国連安保理には、第7章が予定した自前の軍事力の備えがなく、侵略国・イラクに対して「国際の平和及び安全の維持又は回復に必要な空軍、海軍または陸軍の行動をとる」（第42条）すべがなかった。

アメリカは、イラクの侵略を受けたクウェートを防衛する軍事行動を起こした。アメリカは自らの軍事行動を第51条に基づく「集団的自衛権の発動」とした。しかもアメリカは同盟国、友好国を募って「多国籍軍」を結成した。

アメリカの要求に基づいて開催された安全保障理事会は、アメリカ以下の軍事行動を憲章第7章に基づく集団安全保障措置として公認する決定を行った。これは法的に非常に問題がある決定である。なぜならば、集団的安全保障措置と集団的自衛権行使とは法的にまったく別物だからだ。

分かりやすく理解するために、極端なたとえで説明する。

集団的安全保障措置は、国内でいえば、公権力（警察）による取り締まりだ。集団的自衛権行使は、国内でいえば、正当防衛という名前を冠した私的暴力である。安保理が「集団的自衛権行使＝集団安全保障措置」と認めたことは、無力な警察（安保理）が暴力団（多国籍軍）に治安回復の役割を丸投げしたに等しい。

しかし、安保理が自力で事に当たるための努力をせず、「多国籍軍」方式を公認してしまったことのツケは極めて大きい。結果として、大国による「多国籍軍」「有志連合」方式乱用につながってしまったからである。

◇中国とロシア

さらに事態を深刻にしているのは１９９９年のＮＡＴＯ軍によるユーゴ空爆を皮切りに、アメリカ・NATOが安保理決議なしで軍事力行使に走るケースが増えたことだ。戦争を違法化した国連憲章第2条4項を空文化させるものという批判が行われるのは当然だ。

このようなアメリカ及びNATOの軍事行動には国際的な批判が強まっている。その先頭に立って行動するようになったのが中国とロシアである。

安保理常任理事国の中国とロシアは、9・11後のアメリカの「対テロ戦争」までは、基本的に対米協力姿勢で臨んでいた。しかし、アメリカとNATOが軍事行動に走る傾向を強めることに対して、次第に警戒を増幅させた。

中国とロシアは、2003年にアメリカが組織した有志連合による対イラク戦争には反対し、武力行使容認の安保理決議の成立を阻止した。また、2011年のNATOによるリビア空爆を容認する安保理決議には棄権した（反対はしなかったために決議は成立）。

◇問われている日本の姿勢

日本国内では、アメリカとNATOの軍事行動に対する批判の声がほとんど上がらない。アメリカに対する好意的な見方が支配的であり、かつ、アメリカ発の情報が垂れ流し状態であるためである。

しかし、人間の尊厳を踏まえる限り、国内における死刑制度の廃止と国際関係における戦争一般の違法化はいわば「車の両輪」である。私たちはそのことを深刻に認識しなければならない。

また、21世紀国際社会の最重要課題の一つは、パワー・ポリティックスの清算である。その具体化が戦争一般を違法化した国連憲章第2条4項であることは既述のとおりだ。それは9条の精神とも一致する。
したがって、私たちはアメリカとNATOが軍事力行使に走ることを傍観することは許されない。日本は、アメリカとNATOの軍事力行使に対する国際的批判を支持し、批判の一端を担わなければならない。憲章第7章を活性化し、21世紀を名実ともに戦争のない世界にすることは、私たち自身にとっての重要な課題であることを認識するべきである。

〈尊厳と平和〉

人間の尊厳と平和との間には密接なつながりがあることは常識的に理解できる。しかし、両者の関係はどのように理解するのが正しいのか。この問いに即座に答えられるまでには、正直、私にとってかなりの道のりが必要だった。

長い間、私の平和についての理解は月並みだった。つまり、「戦争対平和」というごく一般的な捉え方である。平和とは「戦争のない状態」あるいは「戦争を否定する考え方」というものだ。

また、戦争という物理的・組織的な暴力だけでなく、貧困、飢餓、抑圧などを「構造的暴力」を「平和」の対立概念として捉える考え方（ヨハン・ガルトゥング）が提唱されたとき、私も素直に受け入れることができた。その結果として、平和とは「暴力のない状態」あるいは「暴力を否定する考え方」という、より広義の受け止め方になった。

しかし、私は次第にこのような理解・捉え方に疑問も感じるようになった。というのは、これらは

「平和とは何か」という問いに正面から答えていないからだ。つまり、平和とは「○○が備わった状態」、「○○を実現すること」と言えるものでなければならない、と思うようになったのである。

また、戦争と対立するものとして平和を捉える考え方も実は吟味が必要である。人類の歴史においては、私流の表現を使えば、「力による」平和観と「力によらない」平和観が長い間競ってきた。

今日の国際関係においては、パワー・ポリティックス（権力政治）に固執するアメリカが推し進める「力による」平和観が相変わらず主流である。日本でも、多くの人が「平和は大切」という。そういう人の多くは、「日本が平和であるのは日米安保のおかげ」と考えている。本人たちは否定するかもしれないが、これは「力による」平和観以外の何ものでもない。

権力政治や日米安保（つまり軍事力の備えがあってこそ平和を保つことができるという立場）の根っこにあるのは、「必要ならば暴力を使う・戦争する」という意思である。つまり、「力による」平和観においては、戦争と平和とは必ずしも対立するものではないのだ。

平和とは何かという問いに対する答は、私にとっていわばコロンブスの卵のようなものだった。私は自分の体験を述べた際に、人類の歴史とは「人間の尊厳という普遍的価値を一人一人の人間にあまねく実現することをめざして歩み続ける歴史」という私なりの結論に到達したことを述べた（152頁）。

実はこの中に「平和とは何か」の答がすでに含まれていたのに、私はなかなか気づけなかったのである。それは、私が尊厳と平和とを切り離して別々に考えていたからだった。しかしあるとき、「○○」とは「人間の尊厳」であるということにハッと気づいた。言うならば、尊厳と平和とが私の頭の中でドッキングしたのである。

もう少し具体的に説明する。尊厳を一人一人の人間にあまねく実現するということは、一人一人の中に備わっている尊厳の実現を妨げる力を取り除き、その実現のための条件・環境を保証・保障するということである。

人間の尊厳の「実現を妨げる力」はすべて許されてはならない。戦争も構造的暴力も許されない。障がい者がその尊厳を実現する上で妨げとなる「障害に基づくあらゆる区別、排除又は制限であって、政治的、経済的、社会的、文化的、市民的その他のあらゆる分野において、他の者との平等を基礎として全ての人権及び基本的自由を認識し、享有し、又は行使することを害し、又は妨げる目的又は効果を有するもの」（「障害者権利条約」第2条）も許されてはならないのだ。

つまり、「力による」平和観は、人間の尊厳という普遍的価値とは根本的・原理的に衝突するものとして認められないということだ。戦争、構造的暴力、障壁、障がいに基づくあらゆる区別、排除又は制限はそういう「力」だからである。「力によらない」平和観だけが人間の尊厳の実現を保証・保障する。

歴史的にいえば、第二次世界大戦の結果、人間の尊厳が普遍的価値として確立したことによって、二つの平和観の対立は最終的に終止符が打たれたのだ。すでに述べた「戦争の違法化」は、その必然の結果としてあるということだ。

今日私たちが目撃するように、人間の尊厳を公然と否定する政権は国際的に孤立する（例：軍事政権時代のミャンマー）。これは、人間の尊厳の実現を目ざす人類の歴史が着実に前進していることの何よりの証である。

確かに、すでに述べたように、今日の国際関係では、21世紀に入ってもなお唯一の超大国・アメリカが大きな力を持っている。そのアメリカは相変わらず「力による平和観」のパワー・ポリティックスに執着している。国内でも、アメリカべったりの安倍政権の下で、きな臭い言動が絶えない。しかし、人間の尊厳が確立した21世紀においては、国際関係においても日本においても、「力による」平和観は淘汰されなければならない。私たちはそう確信する確かな根拠がある。人類の歴史は自らを誤ることはないからだ。

日本政治に即して言えば、日米安保・軍事同盟を肯定する主張、平和憲法を「改正」しようとする主張は「歴史の屑箱」に放り込まれる運命にあることは間違いない。

人間の尊厳が存在を許すのは「力によらない」平和観だけである。人間の尊厳という普遍的価値と「力によらない」平和観との間の親和性は極めて高いと言える。

〈尊厳と人権〉

人間の尊厳と基本的人権（以下「人権」）とはどのような関係にあるか。まず、人間の尊厳と人権とはまったく同じものというわけではないことを、分かりやすい例で確認する。

人間の尊厳とは、「人間は人間として生まれたことに価値があり、……同じ人は二人といない、そうした個性の究極的価値（という考え方）」(60) である。

つまり人間の尊厳は、人間として生を受けた瞬間から、すべての人にその人だけのものとして備わっている。他の誰によっても、何ものによっても代わりがきかない価値だからこそ、その尊厳を否定することはもちろん、部分的に制限するなどということもあり得ないし、あってはならない。

しかし例えば、子どもに対しては「身体的及び精神的に未熟である」（「子どもの権利条約」前文）ことに基づく人権の制限が必要な場合がある。例えば、選挙権・被選挙権は与えられない、結婚に関して制限がある、等など。

また、罪を犯した人についても、その人権を制限することが必要な場合がある。日本国憲法は、そのことを「何人も……、犯罪に因る処罰の場合を除いては、その意に反する苦役に服させられない」（第18条）と定める。このように、人権については、尊厳とは異なり、一定の場合にはその制限が認められる。

次に、人間の尊厳そして人権の本質からその違いについて考える。私は哲学には縁がない。しかし、「我思う、故に我あり」（デカルト）、「人間は考える葦である」（パスカル）という有名な言葉は人間の尊厳を言い表しているものだと受けとめる。

人間を含む動物すべてが環境から受ける刺激に反応して生きる。しかし、人間が他の動物と根本的に違うのは、動物が刺激に対して本能で反応するのに対して、人間は刺激に対して考え、決断した上で反応するという点にある。

そして、一人一人の人間がすべて異なる考えと決断を行うことにこそ、「同じ人は二人といない。そうした個性の究極的な価値」としての尊厳を備えている所以があるのである。

丸山はそのことを、「われわれは刺激と反応の間にある距離において、悩み、迷いつつ、選択して決断する。そこに人間の尊厳がある」(61)とも言っている。すなわち、人間の尊厳という言葉が使われるようになったのは近世欧州においてであるが、尊厳そのものはホモサピエンスが地上に出現して以来、一人一人の人間に備わっているものである。

では、人権とは何か。尊厳と人権との間にはどのような関係があるか。

固有の尊厳を持つ一人一人の人間は、自分だけで生き、尊厳を全うするわけではない。すべての人間は、他の人間とともに社会の一員(社会的動物)として生き、そういうものとして自らの尊厳を実現し、全うする。自らの尊厳を社会的(対外的)に主張し、実現し、全うする権利、それが人権である。つまり人間の尊厳は、人権という権利を社会的に行使することを通じて実現され、全うされる。

日本国憲法は、人権は「侵すことのできない永久の権利」であるとする(第11条)。しかし、その権利は「濫用してはならない」のであって、「常に公共の福祉のためにこれを利用する責任を負ふ」と定めている(同第12条)。憲法はまた、人権は「公共の福祉に反しない限り、立法その他国政の上で、最大の尊重を必要とする」とも定めている(第13条)。どうしてこのような規定があるのか。そもそも「公共の福祉」とは何か。

尊厳は人間が生まれながらに備えているものであり、他者との関係で摩擦を起こすことはそもそもあり得ない。しかし、尊厳を実現し、全うするための権利である人権は、濫用されること、つまり、尊厳を離れて一人歩きしてしまう可能性を否定することはできない。

つまり、人権を濫用することによって他者の尊厳を犯すことが往々にして起こる。他者の尊厳を犯す権利の濫用、一人歩きは許さない、という原則を表すのが「公共の福祉」である。

「公共の福祉」という日本語は、ともすると誤解を生みやすい表現である。特に「公」あるいは「公共」は「お上」を連想させる。しかし、「公共の福祉」という言葉は英語public welfareの訳語である。publicとは個人の集合体のことであり、「お上」的な意味合いはまったくない。

だから、public welfareとは、一人一人の人間すべてがその尊厳を実現し、全うできること（またできる状態）を意味する言葉である。人間の尊厳という普遍的価値を承認し、public welfareの正確な意味を踏まえれば、憲法の二つの規定の意味も正確に理解できるのだ。

結論として、人間の尊厳と人権とは深い結びつきがあり、切り離してバラバラに理解することは間違いだ。しかし、必ずしも「人間の尊厳＝人権」というわけではないことを正確に認識する必要がある。

〈尊厳とデモクラシー・民主〉

「デモクラシー」は、ギリシャ語の「人々」を意味するdemosと、「支配・統治」を意味するkratosが合成された言葉に由来する。古代ギリシャにおける民主制は、〝少数者に政治を独占させず、人々の参加によって政治を営む〟という政治制度を指す言葉だった。

古代ギリシャでは、王制、貴族制、寡頭制など、さまざまな政治制度が行われた。民主制はその一つに過ぎなかった。

しかし、近世以後の人間解放及び市民革命という歴史を経ることにより、デモクラシーは政治上の理念を表す言葉へと発展した。特に、第16代アメリカ大統領のリンカーンが、南北戦争のさなかに行ったゲティスバーグ演説（1863年）で述べた、「人民の、人民による、人民のための政治」は、「民主（民が主）」というデモクラシーの理念を端的に表明したものとしてあまりにも有名である。

第二次大戦は、全体主義と民主主義という、二つの理念・制度の雌雄を決する戦いとも言われた。この戦いに勝利を収めることにより、理念としてのデモクラシー・民主は普遍性を獲得した、と言えるだろう。

ところで、デモクラシー・民主の「主」である私たち一人一人のほとんどは政治を職業とはしていない。いわば非政治的市民である。しかし、そういう私たち一人一人が政治を人（政治家）まかせにすれば、デモクラシー・民主は成り立たない。

私たち一人一人が政治に目を光らせ、様々な形で政治参加することによってのみ、デモクラシーは「民が主」の本質を発揮することができる。また、そうすることによってのみ、私たち一人一人の尊厳を実現し、全うすることにつながるのである。

しかし、デモクラシー・民主の理念を実現することは決して簡単なことではない。世界各国が、この理念を実現するためのさまざまな制度的な工夫を試みてきた。しかし、「これだ！」という答は未だに見つかっていない。

そもそも、一人一人の人間の考え方は互いに異なる。正にそこにこそ人間の尊厳がある。だから、すべての人間の尊厳を実現し、全うすることを保証するデモクラシー・民主の理念にかなう制度を作り出すことは至難である。それは人類にとっての永遠の課題であり、「永久革命」（丸山眞男）である。

日本では、デモクラシー・民主の理念についての理解と認識は、執拗低音が立ちはだかるから広く浸透しない。むしろ一般的な理解は、政治制度のあり方に関する数ある主張の一つとして「民主主義」を位置づける考え方である。だから民主「主義」、すなわち一つのイデオロギーにとどまってしまうのだ。

しかも、「民主主義とは多数決のこと」という類の表面的な受けとめ方が幅を利かせる。そのため、制度の機能不全があらわになってくると、「民主主義は古い」、「戦後民主主義は終わった」とする無雑作な決めつけが横行することにもなる。

日本において理念としてのデモクラシー・民主についての理解と認識が妨げられ、もっぱら「民主主義」という特定の政治的な主張として受けとめられてきた背景には、執拗低音の働きに加え、いくつかの歴史的な要素が働いてきた。

一つは訳語としての問題である。デモクラシーは、人権などと同じように、明治維新以後に日本に紹介された。その訳語の一つとして編み出された「民主主義」が次第に一般的に使われるようになって定着し、今日まで惰性的に（?）続いているということだ。

英語におけるDemocracyとDemocratismは区別される。Democracyに妥当する日本語は「民主」あるいは「民主政」、「民主政治」であろう。日本語の「民主主義」は英語のDemocratismに対応する言葉である。私は、デモクラシー・民主が普遍性を獲得した今日、「民主主義」という言葉を無造作に、惰性的に使う風潮には強い違和感がある。

次に、戦前及び戦後の政治状況という問題がある。天皇主権を定めた大日本帝国憲法の下では、国民（人民）の積極的な政治参加を要求した「民主主義」は、国家の基本を揺るがしかねない「過激な」政治的主張・イデオロギーだった。そういう警戒的な見方は、今日でも自民党の超保守派の中では健在であるように思われる。

また、敗戦後の日本では、いわゆる保革（保守対革新）の争いが長く続いた。そこでの大きな争点の一つが「民主主義」のあり方だった。簡単に言えば、私たちは常に主義・主張の問題として「民主主義」を考えたし、いまもそうなのだ。

また、根本的な問題として、歴史認識にかかわる問題がある。それは、日本人が人類の歴史の進歩・発展に無関心、無頓着であり、さらに保守勢力に関して言えば、これに対して敵対的であることである。

第二次大戦の最大の人類史的な意義は、人権及びデモクラシーが普遍的価値として世界的に確立したことにある。しかし、日本の敗戦を契機に、そのことを認識した日本人は極めて少数だった。その状況は残念ながら今日でもあまり変わっていない。

それだけではない。戦後日本の政治を牛耳ってきた保守勢力の歴史認識においては、第二次大戦の敗北は屈辱そのものである。彼らにとっては、「民主主義」は清算すべき対象でしかない。

私たちは、何よりもまず「民主主義」という言葉から思考を解放しなければならない。そして、人間の尊厳を根幹に据えるデモクラシー・民主の理念を我がものとし、日本においてその徹底した実現を目指すという確固とした立場を確立する必要がある。

〈尊厳と国際社会〉

「同じ人は二人といない。そうした個性の究極的価値」である尊厳を認める者であれば、地球上のどこに生を受けようとも、つまりどの国に生まれようとも、人間は人間として生を受けた瞬間からその人に固有の尊厳を備えていることは自明なはずだ。

しかし21世紀の今日でも、私たちが目にする国際社会は、人間の尊厳というモノサシで測ると、問題山積である。ここでは、それらを一つ一つ取り上げるのではなく、私が身近に接した例で考えてみようと思う。

私は近所にある生協の店に買い物に立ち寄ることがあり、その都度耳に入ってくる店内放送があった。それは生協の募金活動の送り先であるアフリカのアンゴラについての紹介だ。「アンゴラは石油、ダイアモンドの生産で近年経済成長がめざましい。けれども、5歳までに命を落とす幼児が4分の1もおり、それは世界で2番目の高さである。」そういう内容だった。

ネットで調べたら、ユニセフ（国際連合児童基金）の「5歳未満児死亡率の順位」の調査結果（2006年）があった。それによると、出生1000人あたりの5歳未満児の死亡数がアンゴラは260で、シエラレオネの270の次であり、世界で2番目の高さだった。また、日本は4という数字（下から2番目）であることをはじめて知った。5歳未満児死亡率は「子どもの福祉のきわめて重要な指標の一つ」ということである。

ちなみに、2016年の調査結果も出ている。それによると、アンゴラは83であり、ずいぶん数値が下がっている。最悪はソマリアの133、次いでシエラレオネの114だ。アンゴラより死亡率が高い国は全部で16カ国あり、すべてアフリカに集中している。

アフリカ大陸は近年比較的高い経済成長率を記録しているそうだ（新型コロナウィルスはアフリカ諸国をも襲っていて、経済成長がストップしてしまうことが深刻に懸念されている）。アンゴラ260→83、シエラレオネ270→114という数字は、アフリカの経済成長の波に、両国も加わっていることを示している。しかし、5歳未満児死亡率が高い国がアフリカ大陸に集中している事実は、新自由主義の下における貧富の格差の厳しさをも裏付けている。

なお、日本の5歳未満児死亡率は2006年：4→2016年：3と向上している。2の数字を記録しているのは、アイスランド、ルクセンブルグ及びスロベニアの3国だ。3の数字を記録しているのは、アジアで韓国とシンガポール、欧州でノルウェー、スエーデン、イタリア、スペイン、モナコ、サン・マリノの6カ国だった。

いずれにせよ、店内放送の内容は国際社会の厳しい現実を凝縮していると思う。

アンゴラの石油やダイアモンドの生産を支配しているのは多国籍企業だろう。これらの企業は新自由主義の市場原理、つまり徹底した儲け本位で動いている。アンゴラのため、ましてやアンゴラの人々のために活動しているわけではない。経済は成長しているとしても、相変わらず圧倒的な貧しさがこの国を覆っており、それが5歳未満児死亡率の高さに表れていることは間違いない。

新自由主義市場経済は、日本の経済を支配し、私たちの尊厳を奪いあげているだけではない。世界経済も支配し、多くの国々の人々を貧困のどん底に追いやり、尊厳を奪っているのだ。

私は、5歳未満児死亡率の数字がアンゴラは83（2016年）であるのに対して、日本は3であることに、今更ながらショックを受ける。アンゴラに生まれるか日本に生まれるかの違いだけで、人間の尊厳を全うできるかどうかにこれだけの「違い」が出てしまうという、あってはならない理不尽さにやりきれないからである。それが21世紀国際社会の紛れもない現実である。

しかし、人類の歴史が「人間の尊厳という普遍的価値を一人一人の人間にあまねく実現することを目指して歩み続ける歴史」であることは間違いない。人類史の一部としての国際社会の歩みも、大きく見れば確実に前進している。

国際社会の登場そしてその舞台は、人間の尊厳の確立を促す重要な役割を担ってきた。その最大の原因は、アメリカ独立戦争、フランス革命を起点として、主権者が君主・独裁者から人民（国民）に変わり、国家の性格が根本的に変わってきたことにある。

今日では、国内で人権・デモクラシーが行われない国家は国際社会、そして国際世論の厳しい批判の目に晒される。国際連合憲章・世界人権宣言から「障害者権利条約」・「子どもの権利条約」に至る人権重視の流れは、国際社会・世論の存在を抜きにしてはあり得ない。

私たちに必要なことは、人間の尊厳の実現を目指す人類そして国際社会の歴史に対して確信を持つことである。確かに国際社会の現実には様々な矛盾・問題が山積している。しかし、これまでも人類・国際社会は多くの試練を乗り越え、克服してきた。これからも紆余曲折は経ながらも前進していく。そういう確信を持つ私たちが辛抱強く働きかけ続けることによってのみ、人類・国際社会の歴史をこれからも前進させ続けることができるのである。

〈尊厳と国連憲章〉

日本国憲法と同じように、国連憲章、というより国連、についての私たち日本人の受けとめ方は非常に高いものがあるように感じる。ところが、国連憲章の中身について詳しく知っている人はそんなに多くない。むしろ、「国連＝正義の味方」という印象が先にあって、したがって日本は国連中心の平和外交をするべきだ（「国連中心主義」）という考え方が一人歩きしているのが実情ではないだろうか。

人間の尊厳を軸にして見るとき、国際社会には「様々な矛盾・問題が山積している」、しかし「紆余曲折は経ながらも前進していく」と指摘した。同じことを国連憲章（及び国連）についても確認する必要がある。

国連憲章（1945年）をその前身である国際聯盟規約（1920年）と比較してみよう。すると、人間の尊厳の歴史が確実に前進していることを実感できる。

憲章前文の書き出しは「われら連合国の人民は」である。これに対して規約前文の書き出しは「締約国は」だ。両文書はわずか25年の時間を隔てているだけなのに、国際社会の主体は国家から人民へと変わったのだ。この変化を生みだしたのはほかでもなく、「基本的人権と人間の尊厳及び価値と男女及び大小各国の同権とに関する信念」（憲章前文）である。

確かに聯盟規約も人道的・社会的・経済的な国際協力について規定を設けた（第23条）。しかし、その主体はあくまで国家であり、人民は国家という主体の行為による客体としての受益者という位置づけに過ぎなかった。

国連憲章がこれらの国際問題についての国際協力について定めるのは当然である。憲章はさらに、「人種、性、言語又は宗教による差別なく、すべての者のために人権及び基本的自由を尊重するように助長奨励」するための国際協力についても定める（第1条3及び第13条1b）。そして国連自体が、「人種、性、言語又は宗教による差別のないすべての者のための人権及び基本的自由の普遍的な尊重及び遵守」を促進しなければならない（第55条c）と定めている。

国連憲章はまた、人民（民族）の自決を国連の目的として掲げ、植民地主義に最終的な引導を渡した。このこともまた、人間の尊厳の歴史において忘れてはならないことだ。

第一次大戦さなかに、ソ連のレーニンとアメリカ大統領のウィルソンは民族自決原則を唱えた。

レーニンは1917年11月8日に発表した「平和への布告」の中で、また、ウィルソンは1918年1月8日の議会演説で「14箇条の平和原則」を発表した中で、それぞれ民族自決原則を唱えた。
ただし、第一次大戦終結後、民族自決原則によって独立を果たしたのは、旧オーストリア帝国及びロシアの支配の下にあった諸民族だけだった。旧植民地が大挙独立を果たしたのは第二次大戦後である。

すなわち、国連憲章は、国連の目的として、国際の平和及び安全の維持、経済的社会的文化的人道的問題についての国際協力とともに、次のように人民の自決権を定めた。
「人民の同権及び自決の原則の尊重に基礎をおく諸国間の友好関係を発展させること並びに世界平和を強化するために他の適当な措置をとること」（第1条2）

この規定に基づき、アジア、アフリカ及び中南米（AALA）で多くの独立国が生まれた。これによってはじめて、地球全体を覆う国際社会が生まれることとなった。そして、独立したこれらの国々において、人間の尊厳を確立するための基礎的な条件が確立したのである。

他方、人間の尊厳というモノサシで見るとき、国連憲章には様々な矛盾・問題があることも確認しておく必要がある。矛盾・問題があることを認識することこそが、その矛盾・問題を正し、人間の尊厳をあまねく実現することへの展望へとつなげるもとになるからだ。

国連憲章の一番大きな規定・制度上の問題は、その規定の圧倒的に多くの部分の主語・主体は相変わらず国家であって、人民ではないことである。特に国際の平和と安全（保障）の問題について主要な責任を負うのは安全保障理事会、特にその中心を占める5大国だ（憲章第5章及び第7章）。

すなわち、国連憲章は、平和と安全という問題について、人民を主体とする視点がまったく欠けている。国家にとっての平和と安全という視点で貫かれているのだ。重要なポイントであるので、もう少し詳しく説明する。

「国家の自衛権」という伝統的な国際法上の権利概念も、人間の尊厳に根本を置く人民主権が普遍的になった人類史の中で、その中身が変わらなければならないはずだ。つまり、昔は「国家（君主）が自らを守る権利」としての自衛権だったが、人民主権のもとでの自衛権は、「主権者である人民が自らを守る権利」（人民の自衛権）でなければおかしい。ところが国連憲章は相変わらず国家の自衛権について定めている（第51条）。

もう一点つけ加えておく。「人民の自決権・自衛権」からは「集団的」自衛権という「権利」が出てくるはずがないということだ。なぜならば、人民は自らの運命を自分自身で決めるからこその「自決権・自衛権」だからだ。これに対して、「集団的自衛権」の本質は、他者に頼る、他者に守ってもらうという他力本願の発想にある。「人民の自決権」と「集団的自衛権」とは相交わらないのである。

国連憲章が実現した、人間の尊厳に基礎を置いた規定はしっかり受け継いで将来につなげていく。しかし、憲章が色濃く残している時代遅れな（人間の尊厳にそぐわない）内容については、人類史の流れに即して改めていく。そういうしっかりした視点を持ちたいものである。

（ロ）国際相互依存

国際経済は、18世紀後半に始まった第一次産業革命、20世紀初頭の大量生産による第二次産業革命、1970年代初頭からの電子工学、情報技術を用いたオートメーション化を特徴とする第三次産業革命を経てきた。今日はＩｏＴ（Internet of Things モノのインターネット）、ビッグデータ、ＡＩ（Artificial Intelligence 人工知能）などをコアとする技術革新による第四次産業革命を迎えている。

特に、交通運輸、通信情報等の分野の飛躍的発展は、かつては孤立して存在していた諸大陸を結びつけ、国境という障壁を限りなく低くし、国際相互依存の流れを作り出した。国際相互依存の流れは、21世紀国際社会を特徴づける第四次産業革命の本格化と相まっていまや歴史的に不可逆になっていると言っていい。

国際相互依存は、「政治の延長」「対外政策上の手段」としての戦争をもはや不可能・無意味にした。そのことを理解するためには、朝鮮半島で戦争が起これば何が起こるかを想像すればいい。米朝いずれが仕掛けるかは問題ではない。その戦争は核戦争であり、東アジアは空前の破壊に遭遇する。東アジアが甚大な被害に見舞われれば、アジア経済ひいては世界経済全体に激震をもたらす。その激烈さは２００８年のリーマン・ショックとは比べものにならない。

要するに、戦争はもはや対外政策遂行上の手段としての意味を完全に失ったということだ。米中戦争となればなおさらだ。

国際相互依存を経済的な意味に限定して捉える向きがある。しかし、これは完全な誤りであることが、以上から直ちに理解されるはずだ。

〈「グローバル化」〉

国際相互依存といわゆる「グローバル化」は同義的に使われることが多い。しかし、私に言わせれば、それは完全な間違いだ。

第二次大戦を主導し、勝利したアメリカは自由主義世界の盟主として、GATT・WTO／IMF体制を創設した。そして、関税・非関税障壁の撤廃、国際金融通貨制度の独占支配、資本の自由化を進め、世界単一市場を作り出すことを追求してきた。これがグローバリゼーション戦略、つまりグローバル化である。

アメリカの以上の戦略は、米ソ冷戦終結、市場至上主義（新自由主義）も加わって、歯止めなく推し進められている。その主役はアメリカを中心とする多国籍企業である。

国際相互依存とアメリカのグローバリゼーション戦略は同時的に進行してきた。そのため、両者を同義に捉える見方が支配的なのは理解できないことではない。例えば、アメリカが推進する新自由主義に対して批判的な立場をとる中国も、今日の世界経済の特徴を「全球化」（グローバル化）と表す。

しかし、私は両者を混同する見方は誤りであることを強調する。理由は三つだ。

第一、主権国家を主要メンバーとし、中央政府を欠くという意味で無政府的な国際社会の本質は

21世紀を通じて（さらには22世紀以後も）変わらないということだ。国際相互依存はその本質に立脚して進行する客観的な歴史的潮流である。しかし、アメリカのグローバリゼーション戦略は、アメリカ中心の世界一体化を目指す、優れて主観的、人為的なものだ。

第二、ひたすら利益を追求する多国籍企業の世界支配を許すことは、国際経済のみならず国際社会の安定的発展に資さないということだ。多国籍企業は、いうならば、国際相互依存を内部から破壊するウィルスである。

第三、アメリカのグローバリゼーション戦略の中心に座る新自由主義のイデオロギーは人間の尊厳と相容れないということだ。新自由主義の市場至上主義は、人間の尊厳を虫けら同然に扱うイデオロギーである。

以下においては、国際社会、多国籍企業、新自由主義のそれぞれについて、さらに補足的な考察を加えておく。

〈国際社会〉

主権国家を主要なメンバーとする国際社会が今後も続くと述べた。なぜそう断言できるのか。

第一、古い時代から、国際社会を廃し、単一の世界中央政府を作るという考え方が唱えられてきた。しかし、その実現の可能性はない。

この主張の要諦は、国家という単位を廃止して、地球全体を単一の中央政府が統治することだ。

しかし、この種の提案は、これまでまったく日の目を見ることがなかった。それには十分な理由がある。ＥＵの実践はいくつかの点で示唆的だ。まず、欧州統合を目指すＥＵの「規模拡大」は求心力を高めるのではなく、確実に遠心力を高めている。この問題は、同質性が高い旧西欧を中心とする国々による統合の段階では露わにならなかった。しかし、かつてソ連圏に属した旧東欧の国々をも包摂するに至って、統合のメリットよりもディメリットが浮き彫りになってきた。

次に、トルコのＥＵ加盟申請の難航だ。その最大の原因は、トルコが歴史的に一度も欧州の一部として受け入れられたことがないことだ。高度の一体化を目指すＥＵには、トルコに対して「異物に対する抗体の働き」に近い潜在的警戒感が働く。

さらに、ＥＵはあくまでも地域統合を目指す試みだ。世界を包摂する野心とはまったく無縁である（この点は他の地域統合を目指す動きにも共通する）。

以上に挙げたことから、単一の世界中央政府が「言うは易く行うは難し」であることを理解することができる。

第二、世界には２００近い国家が存在するという事実の重みだ。一つ一つの国家はそれぞれの歴史・文化を持ち、発展段階は千差万別であり、単一の世界中央政府に統合する基礎条件がそもそも欠落している。この基礎条件が整う可能性が生み出されることは、超長期的に見るならばともかく、21世紀以後もまず考えられない。

第三、世界最大最強のアメリカは、自らの価値観に同意する国々を糾合した「国際共同体」（241頁）

を作ることには熱心だ。しかし、自らの主権を放棄することが前提になる単一の世界中央政府の設立には反対する。分かりやすくいえば、アメリカが反対する限り、核兵器廃絶実現の可能性はゼロであるのと同じだ。

私たちは、国際社会は将来的にも生命力を持ち続けることを正しく認識し、その認識に立ってこれとのかかわり方を考える必要がある。国際社会は、多くの欠陥を抱えていることは事実だ。しかし、200近い国家を緩やかにまとめ、平和と安定を維持する上でそれなりに機能してきたことは紛れもない事実だ。

将来的にも、国際社会は諸国家の「束ね役」としての機能と役割を担うことが期待できる。なによりも、国際相互依存の進行は、国際社会がその機能と役割を果たしてきた結果であるとともに、その促進剤でもある。

国際社会が「社会」として成り立ってきたのは、いくつかの制度的要因（Institutions）の働きに基づいている。ちなみに、このことを理論的に明らかにしたのはヘッドレー・ブルをはじめとするイギリス学派の貢献である。

◇国家

国家は国際社会を社会であらしめる制度としての機能を備える。「国民国家」（nation state）によって構成される国際社会は、欧州を舞台にした30年戦争を経て作られたウェストファリア条約に起源を持つ（欧州国際社会）。

その後、さまざまな歴史的事件を経て、第一次大戦後に「自決権」（self-determination）が国際法の原則として承認された。１９６０年代に多くの旧植民地が自決権を行使して国家として独立し、今日的な地球規模の国際社会が成立したことはすでに述べた。

私たちが国際社会とのかかわり方を考える上では、国家を捨象して考えるのはまったく非現実的である。この点は、「国家」に違和感を感じるものが多い私たち日本人が特に認識しなければならない重要なポイントだ。

◇国際法

国際法もまた国際社会を社会であらしめるための重要な制度である。国際法には成文国際法（条約）と慣習国際法（国際慣行で法的効力が承認されたもの）とがある。

国家の主権尊重、相互不可侵、内政不干渉、平等互恵等の諸原則は国際慣習法である。国連憲章もこれらの原則を確認した（第２条）。これらの原則はもっとも重要な国際法規範である。

成文国際法は質量共に充実に向かっている。ただし、国際社会は社会としてはまだ未成熟であり、国際法は国内法のように完備される水準からは程遠い水準・段階にあることも認めなければならない。

◇外交

外交は、国際法の不備を補うことを含め、国際関係が円滑に営まれるようにするための国際社会の重要な制度である。戦争の違法化により、外交の重要性はますます増大する。

外交はかつて二国間が主流だった。今後もその重要性は変わらない。ただし、国際相互依存が進行する中で、多国間外交がますます重要な地位を占めるに至っている。21世紀にはさらに多国間外交の重要性が高まるだろう。

◇大国

大国は、中央政府が存在しない無政府的な国際社会の秩序を維持する重要な制度である。大国は、国際秩序を維持する上で、中小国が担うことができない役割を負っている。

歴史的に見るとき、大国が中小国の利益を無視し、犯し、さらには大国間の戦争が2度の大戦を引き起こしたことは事実だ。私たち日本人の多くが「大国」という言葉に抱く違和感もこれに由来する。「大日本帝国」の残像が私たちの思考を縛っているのだ。

しかし、ナポレオン戦争後に成立した19世紀のウィーン体制の例に見られるように、大国が協調することによって国際社会の平和と安定を維持する役割を果たしてきたことを無視することはできない。国連安全保障理事会は大国協調を前提として組織された。安保理については後述する。

◇戦争・BOP

イギリス学派の学説は、このほかに戦争及びバランス・オヴ・パワー（BOP）を制度の構成要素としてあげる。

確かに20世紀中葉までの国際社会では、戦争は「政治の延長」であり、国際問題解決の手段として合法だった。しかし、すでに述べたとおり、国連憲章は戦争一般を違法化したので、国際社会を成り立たせる制度として認めることはもはやできない。

また、ＢＯＰは概念としてもともと極めて曖昧である。また、「力」を前提とする点で人間の尊厳及び国際相互依存と衝突する。制度としての有効性を失ったというべきだ。

いずれにせよ、国家を主要な構成メンバーとし、国際法及び外交によって国際関係を規律する国際社会は21世紀において、また21世紀以後においても国際秩序を維持する不可欠な存在であり続けることは間違いない。私たちに求められるのは、国際社会が平和と安定そして繁栄を維持し、発展していくために、日本という国家の主権者である私たちが、これとどのようにかかわっていくかという問題意識を育み、強化することである。この「かかわり方」については、項を改めて考える。

〈多国籍企業〉

「多国籍企業」の問題を考えるには私はあまりにも門外漢である。ここでは間違っている可能性をあらかじめ断った上で、私の問題意識を簡単に示すにとどめる。

私は外務省勤務(国際協定課長)だったときに、多国籍企業の問題に若干かかわった経験がある。当時、多国籍企業を国際的に取り締まる必要性が途上国を中心に取り上げられた。そして、途上国主導の国際会議が開催されるに至った。国連貿易開発会議（ＵＮＣＴＡＤ）、国際連合工業開発機関（ＵＮＩＤＯ）を中心とする国際会議である。

これらの会議では、多国籍企業の取り締まりを実効あらしめるための多国間条約を作ることが提案された。そのために、多国間条約締結交渉を担当する外務省の主管課にいた私の注意を惹いたのだ。

しかし、多国籍企業が世界経済に圧倒的比重を占めるに至ったのは、アメリカが新自由主義に基づくグローバリゼーション戦略を本格的に追求するようになってからである。本格的に論じられるようになったのは、1980年代後半からではないだろうか。

つまり、多国籍企業と新自由主義イデオロギー及びアメリカのグローバリゼーション戦略とは不可分であると思う。多国籍企業はアメリカ及びその戦略の先兵であると共に、その最大の受益者である、と私は判断する。

私が以上の印象を強めたのは、最近、ピーター・ノラン（Peter Nolan）の"Is China Buying the World?"（私訳：『中国による世界買い占め?』）を読んだことだ。この本は、世界No.2の経済大国に登りつめた中国経済の主要な担い手である国有企業が多国籍企業化戦略を追求している問題を取り上げている。

著者は結論として、中国の国有企業が米欧の多国籍企業に追いつくにはハードルが極めて高いことを論じている。それだけ、米欧の多国籍企業は圧倒的な力を持っているということだ。

多国籍企業は国際相互依存に深く関わっている。とはいえその係わり方は、国際経済のみならず国際社会の安定的発展にとって有害である、という判断は免れないと思う。

最近ようやく、多国籍企業に対する規制の必要性が国際的に認識されはじめている。だが、私に言わせれば、先進諸国で検討されようとしていることは、多国籍企業の存在を大前提にした上で、先進諸国にとっても不都合となってきた問題（例：課税を免れる行動）を取り上げる程度で、微温的に過ぎる。アメリカのグローバリゼーション戦略に翻弄される世界経済のあり方に根本的なメスを入れ、その中で多国籍企業問題を位置づけるアプローチが不可欠だと思う。

〈新自由主義〉

私は経済問題については門外漢だ。しかし、学生時代にマルクス経済学をかじり（ほんの少し）、外務省で中国問題を扱う一環として同国の社会主義経済を観察してきた。新自由主義者が、ソ連国家の崩壊を「社会主義の敗北」、「資本主義の勝利」と捉える見方を大々的に喧伝してきたことに対しては大いに抵抗がある。それは完全に的外れである。

私の新自由主義に対する疑問は、その後ますます膨らむ一方だ。新自由主義が世界を席巻し、世界経済はますますいびつになった。とりわけ、世界的な富の偏在は深刻だ。

日本においても、新自由主義による破壊が進行している。政府・自民党は、アメリカの言いなりに、新自由主義に基づく諸々の「改革」が推進してきた。その結果、中小企業者、零細農民は経営が立ちゆかなくなり、国民生活は深刻に破壊されている。

新自由主義に基づいて成立した、私たちに身近な法律を並べてみよう。健康保険法等改正（1997年）、大規模小売店舗立地法（「大店法」。1998年）、「改正」労働者派遣法（1999年、2004年、2015年）、医療法改正（2001年、2007年、2014年、2015年）、障害者自立支援法（2005年）、郵政民営化関連法（2007年）等など。

農業では、1998年に農林水産省が公表した「農政改革大綱」及び「農政改革プログラム」に沿って様々な規制緩和（企業の参入奨励、農地リース方式の導入など）、大規模経営化が促進された。

これらの法律・政策はどういう結果をもたらしただろうか。

大店法は、集客力の大きい大規模店に郊外進出の条件を提供し、市内の零細な小売店を廃業に追い込んでいる。私は現役時代に多くの地方都市を訪れる機会があった。目撃したのは市街地中心部の寂れ方（シャッター街化）のすさまじさだった。その結果、地域の生活・文化の重要な担い手である人々の生活と尊厳が奪われている。

農業における大規模経営化や異業種参入は、零細な農業経営の担い手を締め出し、その生活と尊厳を奪っている。郵政民営化は、儲け本位の統廃合により、過疎地や農村地域においては、郵便局が果たしてきた社会的、文化的そしてライフ・ライン的な役割を切り捨てた。こうして日本の農村は、高齢化も加わって危機的な状況に陥っている。

労働者派遣法の改正は、人材派遣の自由化という名のもとで、労働者の尊厳や人権を無視した、大企業本位の雇用形態の横行を可能にした。リーマン・ショック以後の派遣労働者の一斉解雇がいかに悲惨な事態をもたらしたかは、私たちが目撃したとおりだ。応益負担原則が持ち込まれた介護、医療そして障がいの分野の深刻な状況は改めて言うまでもない。

◇社会主義

マルクスが明らかにしたのは、利潤追求を目的とし、人間の尊厳を否定する資本主義の本質である。

その本質は、人間（労働者）を機械と同様に生産要素（労働力）として捉え、限りなく搾取することにある。資本主義は人間の尊厳を無視することを本質としている。端的に言えば、尊厳を奪いあげること（＝搾取）によってのみ成り立つ経済体制である。

資本主義に代わるべき経済の仕組みとしてマルクスが展望したのは共産主義だ。その本質は、生産手段の社会的共有・管理によって搾取を廃することである。つまり、労働者が人間としての尊厳と権利を実現できる経済制度の創出だ。共産主義（社会主義）とは、一人一人の人間の尊厳の実現を目的とする経済の仕組みにほかならない。

ところが、世界で最初に社会主義革命を成し遂げたソ連が道を誤った。ソ連は、アメリカと政治軍事的に対決するだけでなく、社会主義の本家本元を自任して、アメリカ資本主義と張り合った。しかも、社会主義が何であるかについての解釈も独占し、他国に押しつけた。

その最大の後遺症は、社会主義の本質についての正確な理解が歪められたことだ。さらに、日本を含むいわゆる西側世界では、「ソ連の崩壊＝社会主義の破産＝資本主義の勝利＝新自由主義市場経済がすべて」という理解が一人歩きする重大な結果をも招来した。

しかし、私たちはいまや、新自由主義市場経済が何ものであるかをつぶさに目撃している。私たちは今一度原点に戻るべきだ。すなわち、人間の尊厳という普遍的価値・モノサシに基づいて、資本主義及び共産主義（社会主義）の本質をもう一度見直すべきである。今日という時代に、経済の分野においてだけ人間の尊厳を踏みにじる旧態依然の仕組みがまかり通る時代錯誤が許されていいはずがない。

経済にかかわるいかなる仕組みも人間の尊厳をあまねく実現するためにあるべきだ、という大前提・大原則を片時も忘れてはならない。人間の尊厳というモノサシに合格するのは共産主義（社会主義）のみだ。

◇市場

市場についてはどう考えるべきか。日本ではいまだに、市場メカニズムは資本主義の属性だという理解が残っている。特に、古典的マルクス主義理論に親しんだ人たちの間でそうみたいだ。私は何度も、市場経済を進める中国は社会主義とは言えない、とする発言に接したことがある。

しかし、市場が資源の最適配分を実現する有効な仕組み・システムであることは実証済みだ。確かに市場は資本主義経済の下で生まれた。しかし、社会主義経済にとっても資源の最適配分は重要な課題だ。

経済規模が拡大すればするほど、「見えざる手」・市場はその役割を遺憾なく発揮する。社会主義・中国が市場経済メカニズムを取り入れ、推進するのには十分な理由がある。

しかし、市場が人間の尊厳を犯すことを許してはならない。市場は、人間の尊厳の実現に奉仕するように運用されることが確保されなければならない。社会保障、医療、労働、農業、教育などの分野については、市場経済原理を導入することは許されないゆえんである。ちなみに、中国が「社会主義市場経済」において追求するのも、いわば「人間に優しい市場経済」である。

私たちが資本主義、新自由主義・市場経済の自己主張をチェックできないのは、人間の尊厳に関する認識が徹底していないためにほかならない。新自由主義を掲げる経済専門家のオタク的ご託宣にひるむことなく、私たちは社会主義に基づく経済システムの実現を目ざしたいものだ。

（八）地球規模の諸問題

地球規模の諸問題とは、温暖化をはじめとする環境破壊、貧困・格差、エボラ、エイズ、そして新型コロナウィルス等々、人類の生存を根本から脅かす問題群の総称である。その共通かつ最大の特徴は、一国単位では解決・対処が不可能であり、国際社会挙げての取り組みによってのみ解決・対処が可能になるという点にある。

これらの問題に関しては日本国内でも理解と関心が高まっている。詳しい説明はいらないだろう。まず、最近の出来事を簡単に振り返る。

２０２０年は国際的にかつてない規模の深刻な暖冬だったことが報告された。このまま温暖化が進行すれば、深刻な事態を招来することが報告されている。

氷河の溶解・消滅が急速に進み、海水面の上昇が早まっている。南太平洋の島嶼国の水没（＝国家の消滅）防止は時間との戦いになっている。

世界各地の農業に対する影響も年ごとに深刻化しつつある。オーストラリア、アメリカ・カリフォルニア州は未曾有の山林火災に襲われた。

生態系にも異変が起こっている。数十年内に絶滅する種が少なくないという研究が発表されている。異常気象が引き起こす自然災害は日本でも年ごとに深刻さを増している。


〈新型コロナウィルス〉


2020年1月に中国・武漢市で最初の事例が報告された新型コロナウィルスの猛威は、短時間に世界中に広がった。「民族大移動」の春節（旧正月）直前だったため、武漢市の人口1100万人のうちの実に500万人が中国各地及び海外に移動した。そのため、感染は瞬く間に中国全土及び世界各国に広がる事態となった。中国の現地当局（武漢市）の初動が遅れたためだ。

しかし、事態の重大性を認識した中央政府の対策は、「社会主義制度の優位性」を遺憾なく発揮し、徹底したものだった。3月中には武漢を除く中国全土が、また、武漢も4月中には収束する目途が立つまでになった。

しかし、このウィルスは伝播速度が尋常でないという特性を持っていた。感染は瞬く間に世界中に蔓延した。国際相互依存の不可逆的進行は常にプラスであるわけではないことが証明されてしまった。

韓国、ドイツなど、有効な対策を講じて抑え込みに成功したのはごく少数だ。中国とは対照的に、アメリカ、フランス、イタリア、イギリス、スペインなどの資本主義先進国は軒並み蔓延を許してしまった。

その猛威は、国際社会挙げての取り組みなくしては押さえ込むことができないことを改めて証明している。災いを転じて福にしなければならない。人類の英知、21世紀国際社会の結束力が試されている。

〈原子力発電所〉

地球的規模の諸問題には原子力発電所（原発）を加えなければならない。もちろん私は、「何を言い出すのか」と批判されかねないことを承知の上で、問題提起している。

核拡散防止条約（NPT）は、核兵器国の核軍縮努力、非核兵器国の核兵器保有禁止とともに、核（原子力）の平和利用の権利を加盟国に認めている。原子力の平和利用の最右翼は原発である。特に、地球温暖化を防止するために、原発は「安全」かつ「安価」なクリーン・エネルギー源として、国際的に重視されている。

しかし、「原子力の平和利用」（神話）は、アメリカが自らの核政策をカムフラージュするために持ち出した、という黒い背景がある。すなわち、アイゼンハワー政権は、「キノコ雲」（広島・長崎）を連想させる核の負のイメージを消すために「アトム・フォア・ピース」計画を提起したのだ。原発はいわばその「目玉」だった。

私ももちろん、医学、農業等の分野で放射線、アイソトープが担う重要な役割を否定しない。確かに、原子力には一定の平和利用の可能性がある。

しかし、原発は致命的な技術的欠陥商品だ。原発の「燃料」は主にウランだ。問題は「使用済み燃料」が超高濃度の放射性物質の塊であることだ。そして、放射能を除去する技術は存在しないし、開発されることもまずあり得ない。致命的な技術的欠陥商品であるゆえんだ。

「使用済み燃料」については、安定した地盤の地下深く、あるいは海流の動きがほとんどない深海海底に沈めるなどの「対症療法」しかない。しかし、地球は「生きている」。これらの「対症療法」では「根治」できない。

原発が「安全」から程遠い欠陥商品であることは、スリーマイル（アメリカ）、チェルノブイリ（ウクライナ）そして福島第一原発の重大事故によって白日の下にさらされた。福島第一原発の燃料デブリは880トンともいわれている。

広島及び長崎に対する原爆投下では、放射性物質の発生は投下爆発による一回限りだった。しかし、福島第一原発の場合は放射能汚染を「完全除去」することができるはずがない。福島第一原発周辺を中心に、福島県及びその周辺の広範な地域においては、放射能汚染は長期にわたって続くだろう。

福島第一原発事故は、「原発は安い」という神話がフィクションであることも明らかにした。事故が起こらないという前提のもとでは、原発の発電コストは火力発電、水力発電よりも低い。しかし、そのような単価比較は、事故が起こったら何の意味も持たない。福島第一原発事故はそのことを白日の下にさらした。

極めて憂慮すべきは、多くの途上国が原発を導入する動きが続いていることだ。使用済み燃料が野放図にかつ世界的に増加する。しかも、原発はテロリストにとって格好の標的になる。原発を導入する国が増えれば増えるほど、原発テロの可能性も増える運命だ。途上国の場合はなおさらである。「安い」「安全」という原発神話を清算し、原発を地上から取り除くことは、紛れもない地球規模の問題であることを理解しなければならない。

〈核兵器〉

原発問題に関連して、核兵器についても付言しておく。論者によっては核兵器を地球規模の諸問題に含めるものもいる。しかし、一国単位では解決不可能であり、国際社会挙げての取り組みによってのみ解決が可能になることに地球規模の諸問題の本質があることを踏まえれば、核兵器をこの範疇に含めることは間違いであることが理解されるはずだ。なぜならば、核兵器廃絶はひとえにアメリカの核固執戦略の転換にかかっているからだ。

アメリカは圧倒的な戦力を保有している。もともと、アメリカに対して戦争を仕掛ける国などあろうはずがない。ところが、アメリカはパワー・ポリティックスの発想に凝り固まっている。

アメリカが追求するのは「絶対的安全保障」という代物だ。それは、想像しうる限りのすべての「脅威」を想定し、その脅威から仕掛けられる可能性がある（とアメリカが考える）、ありとあらゆる事態に対処できる軍事力を構築するというものだ。

アメリカの脅威対象は、ソ連（米ソ冷戦終結まで）↓「さまざまな不安定要因」（クリントン政権）↓国際テロリズム（ブッシュ政権以後）と、変遷してきた。近年では、ロシアが自信を取り戻し、中国がアメリカに次ぐ超大国として台頭してきた。すると、アメリカ特にトランプ政権は、両国を脅威と公言するのをはばからない。

トランプ政権は、中距離核戦力全廃条約（ＩＮＦ条約）を脱退し、新戦略兵器削減条約（新ＳＴＡＲＴ）の延長にも難色を示し、核軍拡に乗り出している。アメリカの核軍拡は悪の連鎖反応を生む。ロシアと中国（そして朝鮮）はアメリカに対して身構えざるを得ない。イギリスとフランスはロシアに対して身構える。インドは中国に対して身構える。パキスタンはインドに対して身構える。

アメリカに脅威となる国家はない。本当の脅威対象が存在しないアメリカの核デタランス（「目には目を、歯には歯を」）は、軍事的にまったく無意味（「虚」）である。しかし、ロシア・中国・インド・パキスタン・朝鮮の核デタランスは、確かに存在する脅威に対抗するためであり、軍事的には意味（「実」）がある。

世界の核兵器廃絶運動が成果を生みようがないのは、以上の核デタランスの虚実性を直視しないことにある。つまり、核兵器の一律禁止を主張するユートピア的発想に不毛性の原因がある。核兵器禁止条約締結に5大国すべてが反対するのは理由なしとしない。

核軍拡競争の元凶はアメリカだ。核軍縮ひいては非核化を目指す世界の運動は、ユートピア的発想を清算しなければならない。何を差し置いてもまず、アメリカの核政策を批判することに全力を傾けるべきだ。アメリカの核政策を改めさせなければ何も始まらない。

世界の核兵器廃絶運動がユートピア的発想を清算すれば、アメリカ以外の核兵器国との意味ある対話の可能性が生まれてくるだろう。少なくとも中国、そして朝鮮、さらにロシアは、この対話に応じるだろう。その対話が起動すれば、新たな展望が開ける可能性も見えてくるはずだ。

もちろん、21世紀国際社会は無核の世界を目指さなければならない。そのためには、理想主義的現実主義の立場に立つことが不可欠だ。核兵器廃絶という目標は譲らない。しかし、目標達成のためにこそ、したたかな現実主義的認識を我がものにする必要がある。

現実主義的認識とは、アメリカの核固執政策を改めさせる国際世論を醸成することを出発点に据えるということだ。アメリカという「本丸」を攻略した上で、他の核保有国の核問題をも視野におさめ、段階的に核兵器廃絶の到達を目指すのだ。

こういう段階を踏まえる核兵器廃絶運動を展開することが21世紀国際社会の課題である。そして、日本は、そういう理想主義的現実主義的アプローチの先頭に立つことこそが担うべき役割であることを自覚しなければならない。

(二) 国際観を正す

私は、日本人に支配的な国際観を「天動説国際観」と名づける。それは、日本と諸外国との関係を見るとき、常に日本を中心とする発想が支配することを指す。この発想においては、日本は常に「善玉」であり、日本と外国との関係が悪化するときは、相手を「悪玉」と決めつけることになる。

私は外交実務に携わる中で、日本外交が常に「天動説」に支配されていることに気づかされた。日本と外国との関係が良好であるときは実害がない。しかし、関係が悪化すると、天動説国際観の害毒は全面的に自己主張する。

というのは、関係悪化の責任は「善玉」の日本にはあり得ず、ひとえに「悪玉」の相手国にあるということになるからだ。今日の日本社会に充満している「反中嫌中」、「反韓嫌韓」はその集中的な現れというべきである。

天動説国際観は、日本を頂点とする階層的・垂直的な国際秩序にこだわる立場を生み出す。明治維新後の日本が追求したのは「脱亜入欧」だった。ここでは、「先進国」であり帝国主義国である欧州諸国に「追いつく」ことで頂点に上り詰め、「後進国」（中国、朝鮮、東南アジアの国々）を侵略し、植民地にして支配する道をひたすら追求した。

軍国主義・日本が、対アジア政策をめぐってアメリカ等との対立に追い込まれるに及んで打ち出したのは「大東亜共栄圏」である。ここでは、自らを「アジア解放」の盟主と規定してアジアに対する侵略・植民地支配を正当化した。昭和天皇の終戦詔書は、敗戦を受け入れざるを得なくなったときになお、「米英二国ニ宣戦セル所以モ亦実ニ帝国ノ自存ト東亜ノ安定トヲ庶幾スルニ出テ他国ノ主権ヲ排シ領土ヲ侵スカ如キハ固ヨリ朕カ志ニアラス」と言い張ったことはすでに触れたとおりだ（179頁）。

敗戦後の日本が採用したのは、盟主・アメリカにぴったり寄り添う「徹底した親米路線」である。ここでは、アメリカが支配する国際秩序の頂点（アメリカ）側に身を置いて、いわば「アメリカ目線」で対外関係に臨む姿勢が顕著だ。

天動説国際観は優れて歴代の支配者層のイデオロギーである。しかし、倫理意識及び政治意識の執拗低音は、被支配層・人民（日本国民）がこのイデオロギーを無批判で受け入れる方向に導いてきた。

例えば、アジア蔑視は支配者層のイデオロギーであることは間違いない。しかし、対中国侵略戦争、朝鮮植民地支配、東南アジア進出をことのほか残虐なものにした責任の一班は、兵士としてかり出された日本人一般のアジア蔑視が負わなければならない。このアジア蔑視の感情が今日なお広範な日本人に共有されていることはもろもろの事例が示すところだ。

ちなみに、日本を頂点とする階層的・垂直的な国際秩序にこだわる立場は明治維新以後に始まったわけではない。

私は西嶋定生『日本歴史の国際環境』（1985年）を読んだときのショックを未だに覚えている。江田船山古墳出土鉄刀銘文にある「治天下」について、西嶋は倭国が「中国思想から「天下」を借用して、これを自国の領域に適用した」、「倭国の領域を「天下」とする小世界的天下思想」の形成と説明する。そして、当時の倭国は「朝鮮三国特に百済・新羅を臣属国と見なして」おり、これが「倭国の朝鮮に対する伝統的姿勢として定着していた」と説明を加えている。

上田正昭『私の日本古代史』（2012年）も、「倭国が中国思想の「天下」を借用して、倭国の大王の領域内に適用したとみなす説が妥当」と述べている。要するに、日本を頂点とする階層的な国際秩序にこだわる立場は早くも「倭の五王」（4～6世紀）の時代に現れていたということだ。執拗低音の働きがこの立場、すなわち天動説国際観を生んでいることが理解される。

ちなみに、河上麻由子『古代日中関係史』（2019年）はこの「通説」に異論を呈し、「天下＝実効支配領域」を意味すると解釈する。しかし、当時の倭国の朝鮮半島（南部）に対する関心の高さという史実に鑑みても、西嶋・上田説の方が説得力がある。

〈アメリカ的「天動説国際観」〉

1945年8月15日の敗戦は、日本が天動説国際観と決別する上で絶好のチャンスだった。ところが、日本を単独占領したアメリカは、日本に輪をかけた天動説国際観の持ち主だったため、日本はこのチャンスを生かすことができなかった。

もちろん、アメリカの天動説国際観と日本のそれとでは発生の由来が異なる。

アメリカの天動説国際観は建国の動機と結びついている。それは、「丘の上の町」の思想が根底にある。「丘の上の町」とは、イギリス国教会の支配を脱し、信仰の自由を求めてアメリカに渡った清教徒（ピューリタン）の一人であるジョン・ウィンスロップが「アメリカは欧州（汚れた世界）とは別の丘の上にあり、世界の模範的国家を建設していく」という考え方を表した言葉である。

すなわち、アメリカ建国の理想に基づいて世界を導いていくというイデオロギーだ。私がアメリカ的「天動説国際観」と名づけるゆえんである。

もちろん、18世紀に建国した当時のアメリカは欧州を中心とする世界から隔絶された小国に過ぎなかった。したがってそのイデオロギーは、19世紀には「モンロー主義」として自己主張した。

モンロー主義とは、「アメリカは旧世界（欧州）の政治には口出ししない。だから、欧州列強も新世界（アメリカ大陸）の政治には口出しするな」という限定的な自己主張である。「モンロー主義」を「孤立主義」と受け止めるのは正確ではない。「丘の上の町」をまずはアメリカ大陸で実現するという点に本質がある。

アメリカは、19世紀中葉以降急速な経済成長を遂げ、第一次大戦を経て世界一の経済大国に登りつめた。第一次大戦終結に力を発揮したアメリカは、戦後国際秩序の構築（ヴェルサイユ講和会議）にも積極的に関与し、ウィルソン大統領が国際連盟設立に主導権を発揮した。しかし、彼の理想主義外交は米議会の抵抗に遭っていったん頓挫した。

アメリカが本格的に国際政治に指導権を発揮したのは、1929年世界大恐慌をニュー・ディール政策で乗り切ったルーズベルト大統領からである。ルーズベルトは、第二次大戦において独伊日三国に対する連合国の戦いを主導し、勝利を収めた。彼はイギリスのチャーチル首相と大西洋憲章を発出（1941年8月）し、大戦後に構築されるべき国際秩序の指導原則を明らかにした。彼は国際連合設立にも指導力を発揮した。

第二次大戦後のアメリカは露骨なパワー・ポリティックスを追求した。米ソ冷戦が終結した後、アメリカ主導の一極支配体制が現出した。9・11を受けて、アメリカは「国際テロリズムとの戦い」というスローガンのもとで世界を糾合した。

以上のごく簡単な説明から、アメリカが世界を一定のイデオロギーで指導するという基本姿勢が一貫していることを理解できる。要すれば、アメリカを中心にして世界は動く（動くべきだ）と確信するアメリカは典型的な「天動説国際観」である。

ちなみに、「アメリカ優先」「一国主義」を全面に打ち出したトランプ政権は、ひたすら自国の利益を優先し、他を顧みることすら拒否する。「丘の上の町」のイデオロギーを含むいかなる価値観ともまったく無縁である。建国以来のアメリカ大統領史上における極めて異質な存在というべきだ。

2020年の大統領選挙でトランプが再選されるような事態が起これば、アメリカが世界をリードする使命を担うとする伝統的な対外戦略・政策そのものに影響・変化が起こる可能性も排除できなくなるだろう。トランプ政権が「世界帝国・アメリカの終わりの始まり」となるかどうか、実に興味深い。

しかし、「アメリカ優先」「一国主義」もアメリカを中心にして世界は動く（動くべきだ）という確信は同じである。「天動説国際観」であることには何らの違いもない。

〈「社会」と「共同体」〉

ところで、アメリカの国際観に顕著な特徴は、「国際社会」（International Society）つまり「社会」として国際関係を把握する見方が欠落していることだ。アメリカの国際政治学・国際関係論に現れるのは「国際システム」(international System) あるいは「国際共同体」(International Community) という捉え方である。

もっとも、「国際社会」と「国際共同体」の区別は国際的には厳格とは言えない。特に、9・11以来、広く後者が使われる傾向が強まった。国連諸機関では早くから'International Community'が一般的に使われてきた。日本の外務省も、日本語では「国際社会」だが、英語では、'International Community'を当てる。中国の文献でもそうだ。

しかし、アメリカ的用法と国連的用法との間には重要な違いがあることは忘れるべきではない。アメリカの場合、アメリカの価値観を共有する国々に限定して使用する(中国、ロシア、キューバ、ヴェネズエラ、朝鮮等は排除)。これに対して、国連の場合は「地球共同体」という含意が強い(中国、ロシア、キューバ、ヴェネズエラ、朝鮮等も含む)。「社会」と捉えるか、あるいは「システム」・「共同体」と捉えるかの違いは国際的に厳格ではないと言った。しかし、両者は、国際法の位置づけという極めて重要な問題において明確に異なる立場をとる。

大小・強弱・貧富などさまざまな違いを抱える主権国家を主要な成員(メンバー)として成り立つ「国際社会」として国際関係の本質を捉える考え方においては、異質な国々を等しく規律する国際法の、規範としての性格・役割が重視される。

しかし、「国際システム」として国際関係を捉える考え方においては、国際法はせいぜいさまざまなルール（規則）の一部にしか過ぎず、規範として受け止める考え方は希薄だ。また、「国際共同体」として国際関係を捉える考え方においては、諸国家を結びつけるのは一定の価値観の共有意識であり、国際法は共有される価値観に含まれない。

トランプ政権の国際法軽視は、歴代政権と比べても突出している。最近のもっとも顕著なケースは、2015年のイランとの核合意（JCPOA）に対するアプローチだ。

JCPOAは国連安保理決議でも承認された。しかし、トランプ政権はJCPOAを一方的に脱退した。そのアメリカがイランのJCPOA違反行為を云々し、JCPOAに基づく対イラン制裁の強化を主張するという、つじつま合わせもお構いなしの行動をとる。

ただし、利用できるときは国際法を持ち出し、不都合なときは国際法を無視する行動に出る点において、歴代政権は基本的に共通している。トランプ政権が最初というわけではない。

21世紀国際社会が拠って立つ本質（主権国家の対等平等性）を認識するものである限り、階層的・垂直的な国際秩序を前提とする天動説国際観はお蔵入りさせなければならない。なぜならば、21世紀国際社会は市民的・水平的な国際秩序を前提として成り立つ社会だからだ。

(三)「脅威」認識を正す

「脅威」とは、伝統的なパワー・ポリティックスにおいては明確な定義がある。すなわち、国家Aが国家Bを脅威と見なすのは、BがAに対して攻撃する意思と攻撃する能力とを共に有する場合である。

つまり、BがAを攻撃する意思と能力を持つ場合に、AはBを脅威という。逆に言えば、攻撃する意思はあっても能力は備えていない場合、あるいは、攻撃する能力は備えているが、その意思がない場合は、BはAにとって脅威ではない。

「中国脅威」論及び「北朝鮮脅威」論で考えれば分かりやすいだろう。

中国は急速に軍事力を拡充しつつある。日本を攻撃する能力はある。しかし、中国の戦略的至上課題は、改革開放政策を遂行するために不可欠である平和な国際環境を確保することだ。その中国が日本を攻撃する意思を持つはずがない。だから、中国は日本にとって脅威ではない。

朝鮮は核ミサイル能力を獲得したことによって、日本を攻撃する能力は持つに至った。しかし、朝鮮の核ミサイル戦力はアメリカの攻撃から身を守るためのデタランス（「目には目を、歯には歯を」）としてのみ意味がある。仮に朝鮮が先に攻撃したら、次の瞬間に自らが露と消えることは知り尽くしている。したがって、朝鮮には日本を攻撃する意思はあり得ない。だから、朝鮮は日本にとって脅威ではない。

要するに、「中国脅威」論も「北朝鮮脅威」論も、政府・自民党（安倍政権）が日米軍事同盟強化及び自衛隊の軍事力増強、さらには9条改憲を国民に納得させ、受け入れさせるために作り出したウソでしかない。

ところが、多くの日本人は「中国脅威」論、「北朝鮮脅威」論に実に弱い。それは、21世紀国際社会が20世紀以前の国際社会とはまったく別物になっていることを認識できず、相変わらず20世紀までの、敵か味方かのパワー・ポリティックスの発想に支配されているからだ。

人間の尊厳の不可侵は戦争をもはや許さない。国際相互依存は戦争という選択をあり得なくした。地球規模の諸問題は人類が戦争にうつつを抜かす余裕はもはやないことを告げている。この三点をしっかり踏まえれば、脅威をあおり立てる政府・自民党（安倍政権）の詭弁に戸惑うことはあり得ない。

私たち日本人が古くさい脅威認識を早急に改めなければならないことは、9条問題を考えればさらに理解されると思う。

〈「9条も安保も」〉

多くの日本人は、憲法、特に9条を支持し、その改定を主張する政府・自民党の動きに反対してきた。9条改憲を前面に押し出した安倍政権に対する反対の世論が強いことは各種世論調査の結果が示すとおりである。

ところが、多くの日本人は「中国脅威」論、「北朝鮮脅威」論に「イチコロ」である。その結果、日本人は極めて矛盾した行動をとることになる。

9条改憲には反対する。しかし、安倍政権の主張する「中国・朝鮮の脅威に対抗するための日米軍事同盟強化」は支持するし、「中国及び朝鮮の脅威に備えるための自衛隊の防衛力強化」の動きにも異論を唱えない。

明らかに矛盾しているが、多くの日本人はその矛盾に安住している。矛盾に安住することを許すのは、自らの国際認識が曖昧であることに原因がある。しかし、そのことすら自覚しないのが多くの日本人である。

9条は支持するが、「脅威」論にもうなずいてしまう根本の原因は何か。

敗戦・日本の戦後の出発点はポツダム宣言にある。しかし、政府・自民党にとっての戦後の出発点はサン・フランシスコ対日平和条約プラス日米安保条約にある。

憲法・9条はポツダム宣言の結果であり、産物だと述べた(172頁)。ポツダム宣言(及び大西洋憲章)が拠って立つのはウィン・ウィンの脱パワー・ポリティックスの理念である。

私は、ルーズベルト大統領及び当時のアメリカ政府が脱パワー・ポリティックスを目指していたなどと言うのではない。しかしルーズベルトは、日独伊三国との戦争を正当化する根拠として、脱パワー・ポリティックスの理念を前面に打ち出す必要性を理解していたことは歴史的事実だ。歴史は往々にしてこのような形で前進することを理解しておく必要がある。

ところが、すでに述べたとおり、敗戦した日本を占領支配したアメリカは、憲法制定当時まではともかく、その後は赤裸々なゼロ・サムのパワー・ポリティックスを追求し、対日平和条約で日本に対米追随を押しつけた。

日本の支配層はもともとパワー・ポリティックスの発想に凝り固まっていたので、アメリカの対日方針転換は望むところだった。ただし、9条支持の国民世論を前提とすれば、9条改憲は不可能だった。こうして、9条を維持しつつ、アメリカの対日軍事要求が拡大するたびに内閣法制局が憲法「解釈」に工夫を凝らす（有り体に言えば解釈改憲の手法を使う）ことで、「9条も安保も」という既成事実が作り出されてきた（175頁）。

敗戦で塗炭の苦しみを強いられた多くの日本人は憲法・9条によりどころを求めた。私が大学に入った1960年当時はいわゆる反安保闘争のただ中だった。私は、当時の多くの日本人は反パワー・ポリティックスの理念に対する確信に基づいて日米安保条約改定に反対したことを断言する。ところが、多くの国民は、高度経済成長の利益に与って「生活保守」となっていった。それとともに執拗低音が働く精神的土壌が再び自己主張し、「9条も安保も」の世界に安住することになったというわけだ。

「中国脅威」論と「北朝鮮脅威」論は、安倍政権が煽るフィクションだ。しかし、多くの日本人にとっても、「9条も安保も」の世界に安住する上での好都合な「免罪符」として働いている。「中国脅威」論と「北朝鮮脅威」論の呪縛を断ち切るためには、中国と朝鮮の実像をありのままに理解することが不可欠だ。以下に中国と朝鮮の実像を明らかにするゆえんである。

〈中国〉

安倍政権があおり立てる「中国脅威」論の本質については以上に述べたとおりだ。しかし、中国に対して違和感を持つ日本人は少なくない。この違和感が中国を「脅威」とする主張を受け入れる土壌になっている。

この違和感は何に基づいているのだろうか。私は主に二つの原因があると考えている。

一つは、執拗低音の働きである。日本人は支配者（「お上」）の言いなりに動き、なびく倣い性がある（政治意識の執拗低音）。同時に、日本人の「現実」の「権力性」（歴史意識の執拗低音）の働きも無視できない。

今ひとつの原因は日中関係の歴史そのものにある。つまり、有史以来、日中両国は一度も対等平等な関係を経験したことがないのだ。

明治維新まで、中華帝国は常に日本の「上」にあった。日清戦争ではじめてその上下関係が逆転した。日本・日本人の対中蔑視が始まったのはこれからだ。

第二次大戦後の日中関係はアメリカの対中政策に強く支配された。1972年の米中関係改善と、それを受けた日中国交正常化は、日中関係に対等平等という新しい地平を切り開く可能性をもたらしたかに見えた。

しかし、米中関係はその後も微妙であり続けた。その影響はもろに日中関係に反映する。その結果、「お上」に弱い日本人の対中感情も複雑に推移して今日に至っている。

中国人の対日観はどうか。中華帝国時代の日本は「東夷」に過ぎなかった。しかし中国は、日清戦争での敗北で国際秩序の最底辺に突き落とされた。この民族的屈辱は中国ナショナリズムを覚醒した。同時に起こった重要な変化は中国人の国際観の革命的転換だ。

それまでの中国は、中国を中心・頂点に置く天動説国際観だった。しかし、国際秩序の最底辺に突き落とされて、国際関係は対等平等であるべきだという国際観を学び、身につけた。

中華人民共和国成立（1949年）以来、中国は平和共存5原則を提唱して、国際関係の民主化を正面に据えてきた。対日関係も例外ではない。

◇国交正常化後

国交正常化（1972年）以後の日中関係をもう少し詳しく見ておこう。中国が文化大革命の混乱にある下では、中国外交そのものが停滞し、日中関係発展の条件は存在しなかった。鄧小平の指導で改革開放政策の方針が採用（1978年）されて、はじめて日中関係が動き出した。

私は1980年—83年に在北京日本大使館の政務担当参事官として、1983年—85年には外務省中国課長として、当時の日中関係に若干なりともかかわった体験を持つ。いまから振り返ると、日中関係にもっとも可能性を感じることができる時期だった。

しかし、日本の対中外交はアメリカの対中政策の制約を振りほどくだけの自主性を持ち得なかった。私は、日中首脳相互訪問（1983年と1984年）に立ち会った。中曽根は二度の首脳会談の冒頭、「日米関係基軸のもとで日中関係を推進する」と発言した。この発言がすべてを物語る。いまの安倍もおそらく同じだと思う。

日米関係を前提におく日本政府の立場が変わらない限り、対等平等な日中関係を現実にすることは望むべくもない。しかも、アメリカに好意を持つ国民が80％前後を占める日本の世論状況だ（25頁）。

日本人の対中感情が短期間で改善されることはまず考えにくい。

◇対中感情

ちなみに、日中国交正常化後の日本人の対中感情は、天安門事件（1989年）が起こるまではおおむね良好だった。いまの若い人たちには想像もつかないだろうが、日本人の良好な対中感情は、順調に推移していた日中関係を背景に、対米感情にほぼ匹敵する高水準で推移していたのである。

しかし、天安門事件を契機に、日本人の対中感情は暗転した。さらに、小泉首相の靖国神社参拝（2001年―06年）、尖閣沖合での中国漁船の巡視船「体当たり」事件（2010年）による日中関係の悪化は、日本人の対中感情を急速に悪化させることとなった。

内閣府世論調査によれば次のとおりだ。1988年（天安門事件前）：68・5％→1989年（天安門事件後）：51・6％→2004年（小泉靖国参拝）：37・6％→2010年（「体当たり」事件）：20・0％と、3度の激しい落ち込みを記録している。

1988年には10人に7人近くが中国に好感情を持っていた。ところが、2010年には10人のうち実に8人近くが悪感情を抱いている。正に逆転現象が起こっているのである。

◇日本共産党の中国批判

私は、短期的には日中関係の前途に悲観的だ。しかし、長期的には、中国の実像が日本人に理解されることを前提として、日中関係の将来に楽観的である。中国人には日本に対する違和感という問題は基本的にない。

戦後の日本で、日中関係のモメンタムを維持することに尽力してきたのは、日中友好諸団体を中心とする民間交流である。また国交正常化後は、いわゆる日中友好7団体（日本国際貿易促進協会、日中友好協会、日中友好議員連盟、日中協会、日中経済協会、日中文化交流協会、日中友好会館）の活動が比重を増してきた。学術交流、姉妹関係を結んだ地方公共団体の動きも重要である。

旧社会党系の日中友好諸団体と中国との交流は今日も続いている。しかし、社会党・社民党の衰退、連合による総評の吸収の影響をもろに受けて、昔日の勢いはない。共産党系の諸団体の動きが注目されるゆえんである。

しかし、共産党は本年（2020年）1月、中国共産党を厳しく批判する党綱領の一部改正を行った。このことは、先細り傾向の民間交流にさらなるマイナスの影響を及ぼすことが懸念される。

また、共産党の中国・中国共産党に対する認識・立場が他の野党に及ぼす影響の可能性という点も懸念される。共産党が自民党と対抗するための野党協力を、戦略的・戦術的に重視しているからだ。野党協力における共産党の比重・役割は、自公協力における公明党の比重・役割に似ているというのが私の印象だ。

自民党が公明党との協力関係を重視するのは、公明党支持層の固定票が選挙で重要な役割を果たすからだ。公明党からすれば、与党の一角を占めることで、自らの限られた得票数及び議席数だけでは望むべくもない、党の政策の実現を期することができる。

立憲民主党以下の他の野党にとっての共産党の魅力・重要性もやはり、選挙における共産党支持層という堅い固定票だろう。共産党にとっては、伸び悩む党勢を背景に、野党協力を積極的に推進し、政策的影響力の拡大につなげる期待が大きいと思われる。

私は野党協力を積極的に支持する。しかし、野党全体が共産党の中国批判に引きずられるようなことがあってはならないと確信する。

もちろん、中国批判の理由が納得できる内容であれば、私としては黙って引き下がる。しかし、正直言って、私は志位委員長の発言に唖然とした。日中関係の改善を心から願うものとして、私は到底黙って見過ごすことはできない。

中央委員会総会及び党大会における委員長の説明（以下「委員長説明」）が取り上げている諸問題は、多くの日本人が抱いている中国に対する問題意識を反映している。したがって、これらの問題に即して委員長説明の問題点を明らかにすることは、日本人の中国に対する問題意識を正すことにつながると思う。

—東シナ海（尖閣）—

委員長説明は次のように主張している。

「中国側にどんな言い分があろうとも、日本が実効支配している地域に対して、力によって現状変更を迫る行動を常態化させ、実効支配を弱め、自国領と認めさせようという行動は、国連憲章などが義務づけた紛争の平和的解決の諸原則に反する覇権主義的な行動そのものだといわなければなりません。」

私は、以上の主張には二つの大きな問題があると考える。具体的には、「どんな言い分があろうとも」及び「覇権主義的な行動」の2点だ。

事件の直接の発端は、尖閣沖合での中国漁船の巡視船「体当たり」事件（2010年）である。偶発的事件であり、外交によって事務的に処理することは十分可能だった（それ以前にも似たような事件を外交的に処理したことが多くある）。

ところが、民主党政権（当時）の対応は問題極まるものだった。細かいことは省く。中国の態度を硬化させた決定的要因は、日本政府・外務省が「棚上げ合意」はなかった、と言い出したことにある。「棚上げ合意」とは、1972年の国交正常化交渉で、田中角栄首相と周恩来総理との首脳会談の中で行われた、尖閣領有権問題を棚上げするという口頭の了解を指す。

その存在は紛れもない事実だ。私は中国課長経験者として、責任を持ってそう断言する。最高首脳間の合意まで「ない」と言い出す日本政府に、中国は激怒したに違いない。中国側の激しい反応はあまりにも当然だ。

委員長説明は、この深刻かつ厳粛な問題を「どんな言い分があろうとも」の一言で片付ける。このような軽い扱いで済ませうる問題ではあり得ない。ところが、委員長説明にはそういう認識がまったく欠けている。

「国際合意の重み」に関する共産党の認識は確かなのかと言わざるを得ない。というのは、共産党は、北方4島を含む千島列島の領土的帰属について、一貫してロシアとの再交渉を主張する立場だからだ。

周知のとおり、ルーズベルト大統領は、ソ連の対日戦争参戦の見返りに千島列島をソ連に引き渡す合意を行った（ヤルタ協定）。ポツダム宣言はそのヤルタ協定を踏まえたものである。

共産党の主張を簡単にまとめると、次のようになるだろう。樺太千島交換条約によって、日本は合法的に全千島を領有した。大西洋憲章は領土不拡大原則を掲げている。したがって、上記ヤルタ協定は不当・不法である。したがって、日本はロシアに対して、全千島の返還を要求する正当な権利がある。

私も、ポツダム宣言（第8項）が存在しなければ、共産党の主張は正しいと考える。しかし、同宣言の存在を無視することは不可能である。

共産党の主張はポツダム宣言第8項の修正を提起するに等しい。しかし、ポツダム宣言の修正を提起するということは、日本が敗戦受け入れたことに異議申し立てを行うことと同義である。

共産党としては、第8項だけを問題にしているのだ、という反論を行うかもしれない。しかし、条約締結に関する国会の承認は、条約全体に対する「イエス」か「ノー」しかない。部分的な反対ということはあり得ない（憲法第61条）。したがって、宣言の第8項だけを問題にするという主張は成り立たない。

共産党の国際合意に対する認識の確かさを疑わざるを得ないゆえんである。

中国の尖閣周辺での行動は、「棚上げ合意」はなかった（＝中国には領有権はない）とした日本政府（民主党政権）に対するもっとも直裁的な異議申し立て（＝中国は領有権を主張するという立場の確認）である。

何もしなかったら、日本側の言い分を中国が認めるに等しくなる。

以上を確認するものである限り、委員長説明が中国の行動を一方的に「覇権主義」と断じることにはいかなる根拠もない。否、明らかに失当である。

委員長説明には、日本政府のとった行動に対する批判どころか、言及すらない。それは日本政府の言い分を支持しているに等しい。それは絶対にあってはならないことである。

—南シナ海—

委員長説明は、南シナ海での中国の行動について、次のように批判する。

「南シナ海について、中国は、二〇一四年以降、大規模な人工島建設、爆撃機も離着陸できる滑走路、レーダー施設や長距離地対空ミサイルの格納庫、兵舎などの建設を進めてきました。中国政府は、当初は、「軍事化を進める意図はない」とのべていましたが、今では「防衛施設を配備するのは極めて正常であり、中国の主権の範囲内」と、公然と軍事拠点化を正当化し、軍事的支配を強化しています。二〇一六年、仲裁裁判所の裁定が、南シナ海水域における中国の権利主張を退け、力による現状変更を国際法違反と断じたにもかかわらず、これを一切無視して軍事化を進める傍若無人な態度は、国連憲章と国際法の普遍的に承認された原則にてらして許されるものではありません。」

南シナ海における中国の行動の是非を判断するポイントは、中国の行動が「中国の主権の範囲内」であるか否かの一点にある。委員長説明はそのポイントをまったく無視している。

南シナ海には、東沙、西沙及び南沙として括られる多くの島嶼が存在する（「中沙」問題は無視）。中国（中国及び台湾）は戦後一貫して、これら島嶼すべてに対する領有権を主張している。具体的には「九段線」という破線で囲われる地域である。１９７０年代まで、その主張に異議を唱えるものはなかった。

東沙は日本の敗戦直後に台湾（中華民国）が管轄下におさめた。国際的に問題となったこともない。

対日平和条約は、西沙及び南沙（新南群島）に関して、日本が「すべての権利、権原及び請求権を放棄する」と定めた（第2条f）。日華平和条約はこの規定を受けて、日本が「新南群島及び西沙群島に対するすべての権利、権原及び請求権を放棄したことが承認される」と定める（第2条）。

対日平和条約の領土問題の処理・扱いの問題点についてはすでに述べた（186頁）。日本は西沙及び南沙の帰属先について云々する立場にないので、諸権利を「放棄したことが承認される」という規定ぶりになった。しかし、日華平和条約において西沙及び南沙について定めたということは、中国の領有権を日本が「承認」しているからに他ならない。

以上2点から、西沙及び南沙が中国の領土であることは明らかである（特に日本が「いちゃもん」をつけることは許されない）。

ちなみに、ヴェトナム、フィリピン、マレーシア、ブルネイが一部の島嶼に対する領有権を主張するようになった背景には2つの事情が働いていた。

一つは１９６６年からの文化大革命による中国国内の大混乱である。中国は南シナ海で起こっていることに注意を集中する余裕はなかった。

もう一つは、１９６９年にＥＣＡＦＥ（国連アジア極東経済委員会）が南シナ海の海底に石油資源がある可能性を指摘したことだ。南シナ海沿岸諸国が関心を持つのは当然だった。

西沙及び南沙が中国の領土であることは明らかだと言わなければならない。最低限確認しなければならないことは、日本は中国の主権を承認している事実だ。

したがって、中国がこれら島嶼でいかなる行動をとることも問題はない。少なくとも、日本はとやかく言う立場にはない。委員長の「国連憲章と国際法の普遍的に承認された原則にてらして許されるものではありません」という批判はまったく当たらないし、日本がとやかく口出しするのは論外である、と言わなければならない。

ちなみに、委員長説明は2016年の仲裁裁判所の裁定に言及している。この裁定は、西沙及び南沙に対する中国の主権を認めない。その上で、「中国の権利主張を退け、力による現状変更を国際法違反と断じた」わけだ。しかし、中国はそもそも仲裁裁判所の管轄を承認しなかった。その仲裁を受け入れるはずもない。

付言すると、仲裁裁判所の成立及び裁判官の人選には、国際海洋法裁判所裁判長を務めた、元日本外務省条約局長の柳井俊二が深く関わっていた。彼は外務省条約局の右傾化（19頁）を進め、安倍が設置した私的諮問機関「安全保障の法的基盤の再構築に関する懇談会」の座長も務めるなど、極めて問題が多い人物だ。

—香港—

委員長説明は、中国の人権問題が深刻化していると指摘した上で、香港問題について次のように主張した。
「香港で、今年六月に、自由と民主主義を求める、全体として平和的な大規模デモが起こった当初から、中国政府は「組織的暴動」と非難し、これへの抑圧的措置をとる香港政府に全面的な支持を与えてきました。警察による実弾発砲によって負傷者が出たさいにも、それを正当化する態度をとりました。深圳に武装警察部隊を展開させ、武力による威嚇を行いました。わが党は、デモ参加者が、いかなる形態であれ暴力をきびしく自制し、平和的方法で意見を表明することが大切だと考えます。同時に、表現の自由と平和的集会の権利は、国際的な人権保障の基準でも明確に認められている権利であり、香港政府による抑圧的措置、およびそれを全面的に支持し、武力による威嚇を行った中国政府の対応に反対します。「一国二制度」のもと、事態が平和的な話し合いで解決されることを強く望むものです。」

今回の綱領改定では人権問題について、「人権を擁護し発展させることは国際的な課題となっている」という補強を行った。しかし、だからといって、共産党が香港問題で中国共産党を批判することが正当化されるということにはならない。

まず、「人権を擁護し発展させることは国際的な課題」ということは、「他国が香港問題に容喙し、干渉することが許される」ことを意味するものでは断じてない。委員長説明が行っていることは、アメリカ国務省が毎年、各国の人権状況批判報告を出す行為と何ら変わらない。

他国の人権状況に関して、個人が意見を述べることは自由だ。しかし、国家、公党が公式の見解を発出することは内政干渉になる。中国共産党と関係を維持している共産党は、公党としての立場・けじめを踏まえるべきだと思う。

ちなみに、委員長説明は中国が「市民的及び政治的権利に関する国際規約」に署名したことに言及している。重要な事実は、中国は署名しているが、批准はしていないことだ。

それは、中国がこの規約の内容を国内的に適用する用意がないからである（139頁）。共産党は、署名と批准との法的違いは理解していると思うが、念のために指摘しておく。

より根本的な問題がある。天安門事件、香港民主化事件に共通することだ。すなわち、両事件の参加者は自らの政治的市民的権利をもっぱら主張する。しかし、中国に住む、生存権すら保障されるに至っていない多くの貧しい人々の人権・尊厳には無関心だ。

中国の党・政府の人権に関する考え方は欧米諸国とは異なる（140頁）。中国の人権問題に関する基本的な出発点・政策は、すべての人民に生存権・尊厳を保障することだ。

いまだ発展途上にある中国は、無条件に政治的市民的権利を承認することによって生じる政治の混乱（したがって社会の不安定化）を受け入れる余裕はない。私は、この判断・立場を理解する。

私は、香港の民主化運動の参加者が貧しい中国人の生存権・尊厳を保障する、説得力ある建設的提案を行う政治的成熟を証明しない限り、この運動を支持できない。委員長説明はこの根本問題を看過していると思う。

―経済体制―

委員長説明は、次のように指摘する。私は賛成する。

「どんな経済体制をとるかは、その国の自主的権利に属する問題であり、基本的に内政問題だということを指摘しなければなりません。個々の研究者・個人がその見解をのべることはもちろん自由ですが、政党として特定の判断を表明すれば、内政問題への干渉になりうる問題となります。」

ただし、経済体制問題と同じく、人権問題も内政問題である。委員長説明には明らかに矛盾があることをまず指摘しなければならない。

委員長説明の次の主張は、私には意味不明、理解不能である。

「わが党が中国を見る際の最大の基準としてきたのは、「指導勢力が社会主義の事業に対して真剣さ、誠実さをもっているかどうか」であり、そのことを対外的な関係で評価するという態度をとってきました。」

「指導勢力が社会主義の事業に対して真剣さ、誠実さをもっているかどうか」を「対外的な関係で評価する」とは、どう理解したらいいのだろうか。そもそも、「社会主義事業への真剣度・誠実度」と「対外関係」とはまったく別物ではないだろうか。私は、こういう判断基準・モノサシを設定する委員長説明を百パーセント理解できない。

百歩譲るとしよう。私は中国が「覇権主義」ではないことを指摘した。その指摘をモノサシとして判断すると、中国の経済体制は社会主義である、という結論になる。委員長説明が示したモノサシが如何に説得力に欠けるかは明らかだろう。

もちろん、私自身は中国が真剣、誠実に社会主義経済体制を模索していると認識している。しかし、それは対外関係とはまったく関係のない問題である。

—歴史的条件—

委員長説明は、根本的な問題として、「中国のおかれた歴史的条件」に言及する。委員長説明が挙げる歴史的条件とは、「自由と民主主義の諸制度」の欠落、「議会的でない道」での革命、ソ連式の「一党制」、「大国主義の歴史」等々だ。

「自由と民主主義の諸制度」に関しては、中国は社会主義民主（デモクラシー）の諸制度を実行している。中心にあるのは、全国及び地方各レベルの人民代表大会及び政治協商制度だ。欧米日のモノサシ（三権分立、大統領制、議会制民主政等）に合致しなければデモクラシーではない、と決めつけるのは典型的な天動説だ。

「議会的でない道」での革命については、20世紀前半の中国にはそういう条件は存在せず、中国は独自の道を模索してきた。しかし、日本共産党も1960年代までは「プロレタリア独裁（執権）」を主張していたことを忘れるべきではあるまい。なによりも重要なことは、社会主義への道の多様性を承認するべきだということだ。

ソ連式の「一党制」という批判も正確ではない。中国は、「共産党の領導のもとにおける多党協力」を実行している。外からはいろいろな批判はあり得るだろう。しかし、中国のとっている制度をソ連式の「一党制」と切り捨てるのは、やはり天動説ではないだろうか。

「大国主義の歴史」というのも史実に反する。日中両党関係の歴史というモノサシで中国の党・国家の対外関係史すべてを「大国主義」と決めつけるのは科学的とは言えない。

委員長説明は、「そういう歴史をもつ国だけに、大国主義・覇権主義に陥らないようにするためには、指導勢力が強い自制と理性を発揮することが不可欠」だと指摘する。「そういう歴史をもつ国」がと言うこと自体が一方的決めつけであることは叙上のとおりだ。

鄧小平から胡錦濤に至る中国は「韜光養晦」という、いわば「低姿勢」外交を行った。習近平は大国外交を標榜する。しかし、その意味することは、中国が大国であることを自認・自任し、国際関係で大国としての責任を自覚し、役割を果たすという意味だ。国際関係における制度としての大国の役割（222頁）をしっかり踏まえている。それはなんら非難される筋合いではない。否、賞賛されてこそしかるべきだ。

その後に委員長説明は、「中国にあらわれた大国主義・覇権主義、人権侵害を深く分析し、「社会主義をめざす新しい探究が開始」された国とみなす根拠はもはやないという判断を行いました」と来る。私は委員長説明が指摘する「中国にあらわれた大国主義・覇権主義、人権侵害」の一つ一つについて、その判断が誤りであることを指摘した。したがって、中国が社会主義ではないという委員長説明の結論も間違いであると指摘するほかない。

繰り返すが、「社会主義」は経済体制の問題だ（227頁）。「中国にあらわれた大国主義・覇権主義、人権侵害」等の問題は、経済体制とは無関係だ。無関係の基準をもって中国は社会主義ではないと判断するのは、中国にとっては迷惑な話だろう。何よりも、科学的社会主義を標榜する共産党として、あるまじきことではないだろうか。

したがって、委員長説明の「中国の党は、「社会主義」「共産党」を名乗っていますが、その大国主義・覇権主義、人権侵害の行動は、「社会主義」とは無縁であり、「共産党」の名に値しません」という断定には、もはやついていくことすらできない。中国からすれば、「どうぞご自由に」と突き放すほかないだろう。

―社会主義への道―

委員長説明は、日本における社会主義的変革の世界的意義について述べる。「資本主義の高度な発展そのものが、その胎内に、未来社会にすすむさまざまな客観的条件、および主体的条件をつくりだす」という指摘は、マルクスが述べたことだ。私も異論はない。

委員長説明は、その要素として、「資本主義のもとでつくりだされた高度な生産力」、「経済を社会的に規制・管理するしくみ」、「国民の生活と権利を守るルール」、「自由と民主主義の諸制度と国民のたたかいの歴史的経験」、「人間の豊かな個性」という5点にまとめる。したがって、日本は社会主義に移行しやすい、という結論が導かれるのだろう。

問題は、その後に来る「途上国・新興国など、資本主義の発展の遅れた国ぐににおける社会主義的変革の可能性」への言及部分だ。

委員長説明も、「資本主義の矛盾があるかぎり、どんな発展段階にある国であっても、社会主義的変革が起こる可能性は存在します」と一応は認める。しかし、「ロシアにしても、中国にしても、民主主義の制度をつくりだすことをはじめ、そうしたとりくみが十分になされませんでした」と断定し、「それらが前途に大きな困難をもたらした」とする。そして、以下の結論が来る。

「一部改定案で、「発達した資本主義国での社会変革は、社会主義・共産主義への大道である」との命題を押し出したのは、資本主義の高度な発達のなかで未来社会にすすむ諸要素が豊かな形でつくりだされるという理論的展望、およびロシア革命以後の資本主義からの離脱の道に踏み出した国ぐにの歴史的経験を踏まえたものであります。」

高度に発達した資本主義段階を経た国家でなければ社会主義に至ることはできない、と言わんばかりである。これでは、中国のみならず、ヴェトナム、ラオス、キューバ等、社会主義を目指す国々に対しても失礼ではないだろうか。

この結論に関しては二つのことを指摘する。

一つは、委員長説明の中国社会主義批判は、「社会主義」に関する明確な定義を行っていないことだ。私は、資本主義と対立する経済体制としての「社会主義」と、社会主義の下で行われる政治という二つの範疇は分けて扱うべきだと考える。

ところが委員長説明はこの二つをひとまとめにして扱う。その結果、政治のカテゴリーに属する面での批判に基づいて「中国は社会主義ではない」という結論を導いてしまう結果になるのである。

もう一つの問題は、上記結論に露骨な「上から目線」である。高度に発達した資本主義段階を経た国家でない限り社会主義への道は展望できない、と言わんばかりの言説は、共産党が天動説国際観に染まっていることを如実に示す。

私は今回の委員長説明が党大会ですんなりと受け入れられたと聞き及んだ。ということは、党指導部だけではなく、党員レベルまで含めて、共産党全体が天動説国際観を共有しているということだろう。「現実」の「権力性」という歴史意識の執拗低音（44頁）が共産党員の思考を縛っている可能性も大きい。非常に残念なことである。

〈朝鮮〉

私が朝鮮問題を真剣にフォローすることになったきっかけは、1993年（—94年）に朝鮮半島で一触即発の緊張が起こったことだ。クリントン政権は、朝鮮のいわゆる「核疑惑」をめぐり、朝鮮に対して本格的な軍事行動を起こそうとした。

この「第二の朝鮮戦争」の危機は、カーター元大統領が朝鮮を訪問して金日成主席と会談したことで、かろうじて回避された。しかし、その前の段階では、アメリカは日本に軍事行動への全面協力を要求した。

ところがこの要求に直面して、日本には「有事」の備えがまったくないことが露呈した。日本政府が有事への備えに本格的に取り組むことになったのはこれからだ（↓1996年の日米安保共同宣言）。

私が国際問題をフォローする際に鉄則にしているのは他者感覚（134頁）をフルに働かせることだ。

これは、天動説国際観に染まっている日本・日本人がもっともおろそかにすることでもある。

余談だが、私はハングルを解さないので、朝鮮中央通信（日本語）及び中国の朝鮮関連報道・分析が主要な情報源である。広島にいたとき、一念発起してハングルを習い始めた。しかし、入院生活を何度も余儀なくされて、結局初心貫徹できなかったのはいまでも後悔しきれない。

私は、かつて外務省で情報分析を担当する部署にいたことがある。その際に学んだ大切なことがある。それは、一つのテーマ（特定問題、特定国）について継続的に情報収集していると、木の幹の部分が見えてくるということだ。枝葉に目が奪われないで、ことの本質をつかむことができるのである。朝鮮観察にもこの手法が通じると思っている。

◇有言実行

朝鮮を観察し始めて17年近くになる。私がもっとも声を大にして言いたいことは一つだ。朝鮮は有言実行の国であるということである。何を言い出すか、と思う人もいるだろう。説明しよう。

核ミサイルを保有する前の朝鮮は、何一つとして外交上のカード（駆け引き材料）を持っていなかった。朝鮮が手練手管を弄した場合、招く結果は二つに一つしかない。相手にされないか、叩かれるかである。

相手にされないので済むのであれば、まだいい。叩かれるとしたら、国家の命運に直結する。有言実行を愚直に守るゆえんである。

―できないことは約束しない―

朝鮮は1993年以来、「約束したことは守る、できないことは約束しない」外交を行ってきた。再び、「何という血迷いごとを言うのか」と怒鳴られるかもしれない。

1998年の米朝枠組み合意（朝鮮が核開発しないことの見返りにアメリカが原発（軽水炉）を提供することを最終目標に設定した合意。「行動対行動」原則を採用した最初の事例）に違反したのは朝鮮ではないか。2005年の6者協議共同声明（朝鮮の核放棄を最終目標とした米中露日韓朝6カ国合意。ここでも「行動対行動」原則を採用）を破ったのも朝鮮ではないか、と。

しかし、朝鮮の核疑惑を持ちだして、1998年合意に基づく軽水炉建設を中止したのはブッシュ政権だ。朝鮮のマネー・ロンダリング疑惑を持ちだして2005年合意の履行を停止したのも同政権だ。両者とも、「疑惑」に基づく合意不履行だ。

私は、朝鮮が核開発をキッパリやめたなどと強弁するつもりはまったくない。むしろ、アメリカに徹底した不信感を持つ朝鮮は、核開発計画を続けていただろうと考える。

しかし重要なのは、朝鮮が両合意で約束したのは、「行動対行動」を積み重ねていって最終的に核計画を放棄するということだ。その合意履行過程の途次においても「核開発をしない」という言質は与えていないのである。

◇日朝関係

私は、日朝関係というと「拉致問題」しかないように考える日本人が多いことに、一番の問題を感じる者である。朝鮮は、日本がいわゆる「戦後処理」を果たしていない唯一の国だ。日韓関係悪化の根本原因である過去の清算問題（104頁）は日朝関係の根本問題でもあるのだ。「強制連行」も「従軍慰安婦」も、日本・日本軍が行った大規模かつ組織的な拉致である。日本はその歴史的事実を認めることを頑として拒む。「従軍慰安婦」問題については、日本は国際的な批判の矢面に立っているにもかかわらずだ。

その日本がひたすら朝鮮側の拉致だけにこだわり、「解決」を要求する。朝鮮に圧力をかけようと、アメリカをはじめとする国際的支持の取り付けに躍起になる。天動説国際観の最たるものである。

歴史問題の清算なくして日朝、日韓の真の関係正常化はあり得ない。このことを、私たち日本人は改めて心に刻まなければならない。

日本政府は、「拉致問題」解決を念頭に、朝鮮と二つの合意を行った。2002年（9月）の平壌宣言と2014年（5月）のいわゆる「ストックホルム合意」だ。

―日朝平壌宣言―

平壌宣言は、「拉致問題」に関して、朝鮮側が「日朝が不正常な関係にある中で生じたこのような遺憾な問題が今後再び生じることがないよう適切な措置をとることを確認した」（第3項）。2002年9月以降、朝鮮はこの確認事項を遵守している。つまり、「拉致」問題は解決済みなのだ。

ところが安倍政権は、「拉致問題の解決なくして国交正常化なし」と繰り返す。安倍政権がいう「拉致」問題とは「拉致被害者帰国」問題である。ハッキリ言わなければならない。安倍政権は問題点を一方的にすり替えている。

それだけではない。2002年に5人の拉致被害者が帰国するに当たっての日朝間の了解は「一時帰国」だった。それを安倍官房副長官（当時）が異議を唱え、「帰国」にしたのだ。そしてさらに「まだ生存者がいる」とエスカレートさせた。

―「ストックホルム合意」―

いわゆる「ストックホルム合意」は、安倍の執念と対日関係正常化のモメンタムを維持したい金正恩の妥協の産物だったと言えるだろう。

安倍政権は、朝鮮側の包括的調査開始時点で「人的往来の規制措置、送金報告及び携帯輸出届出の金額に関して北朝鮮に対して講じている特別な規制措置、及び人道目的の北朝鮮籍の船舶の日本への入港禁止措置を解除」、すなわち、日本が朝鮮に対して行っている独自の制裁措置を解除することを約束した。

朝鮮は、「1945年前後に北朝鮮域内で死亡した日本人の遺骨及び墓地、残留日本人、いわゆる日本人配偶者、拉致被害者及び行方不明者を含む全ての日本人に関する調査」、すなわち包括的調査を行うことを約束した。

合意の結末はどうなったか。2016年、朝鮮は第4回核実験（1月）と人工衛星打ち上げ（2月）を行った。安倍政権は、人工衛星打ち上げを「人工衛星打ち上げと称するミサイル発射実験」と一方的に断定した。

そして、対抗措置として独自の制裁措置を復活強化した（2月）。「ストックホルム合意」に対する違反である。朝鮮が包括的調査の全面停止を発表したのは当然だった。

◇金正恩政権

政治家個人を取り上げることは、この本の目的とするところではない。しかし、金正恩政権が成し遂げた実績は赫々たるものがあることは公知の事実だ。

そして、よほどのことがない限り、金正恩は今後数十年にわたって朝鮮の政治を指導する。金正恩を抜きにして、朝鮮半島を含む北東アジア情勢及び日中関係を考えることは無意味だ。金正恩を取り上げる理由である。

金正恩の戦略眼・判断力には舌を巻くものがある。正に端倪すべからざる人物と言える。彼は、金正日の対米交渉及び6者協議の一部始終から、対米核デタランスの構築なくして突破口なしと判断したに違いない。正に正面突破戦略だ。

金正恩は、度重なる国連安保理制裁決議も、また、本来ならば「味方」につけるべき中国（及びロシア）の批判もものともせず、核ミサイル戦力（デタランス）獲得に全力を傾注した。私も当時は、金正恩の意図は那辺にあるか、さっぱりつかめなかった。

ただし、手前味噌を一つだけ。金正恩は、核デタランス構築後には対米交渉に応じる用意があるというシグナルを発出していた。そのことを、私は発見し、指摘していた（HPのコラム）。

だが、核デタランス構築後に金正恩が矢継ぎ早に、韓国、中国、アメリカを相手に繰り出した外交手腕には、私は正直度肝を抜かれた。事実関係は良く知られているので、ここでは繰り返さない。

金正恩の知力、胆力、勇猛果断な実行力は、広く世界の認識するところとなった。文在寅、習近平そしてトランプとの首脳会談の模様は、全世界のメディアがこぞって報道した。金正恩のオープン外交は、これまでの偏見に満ちた海外の朝鮮に対するイメージを塗り替えた。

金正恩の正面突破戦略はツキ・運にも恵まれていた。アメリカの伝統的対外戦略・政策を何でもひっくり返さなければ気が済まないトランプが大統領となったことだ。トランプは歴代政権の「朝鮮の政権交代」戦略を追求しないことを公言した。朝米首脳会談が実現したゆえんである。

金正恩が次に打ち出した戦略は、並進路線（核開発と経済建設をともに進める）から経済建設路線への転換である。経済建設を進めるためには、国連安保理の朝鮮に対する制裁決議という足かせを取り除くことが不可欠となる。

実は、金正恩の正面突破戦略は大きなコストを伴っていた。国連安保理の度重なる、苛烈極まる制裁決議を招いたことだ。そこで、金正恩は核ミサイル分野での譲歩を用意して、トランプが制裁レベルの引き下げに応じることを要求した。周知のとおり、朝米交渉はそこで頓挫した。

中国及びロシアは、金正恩の戦略転換を評価し、朝鮮が経済建設に邁進できるようにするべく、安保理の制裁レベルを引き下げることを公然と主張している。しかし、アメリカが首を縦に振らない限り、安保理決議の見直しは不可能だ。このネックを如何にして打開するか。これが金正恩の経済建設路線の成否を左右するだろう。

中国及びロシアにとって悩ましいのは、覇権主義・アメリカを牽制する有効な、手持ちの手段は安保理しかないことだ。トランプ政権は安保理決議を足蹴にすることをいささかも意に介さない（例：イランとの核合意の踏み倒し）。しかし、中露両国にとっては、朝鮮の経済建設を支援するためにこの手を使うことの代価が大きすぎる。

朝鮮にとっての最大の問題は、今後も長期にわたってアメリカが相手であり続けることだ。気まぐれなトランプが再選されるか否かは、基本的に関係ない。

アメリカが朝鮮に建設的にかかわることにメリットを感じるように仕向けることが不可欠だ。朝鮮はそのための妙手を繰り出し続けることができるか。金正恩の力量が問われるゆえんである。

ちなみに、金正恩は、ストックホルム合意に至る日朝交渉及びその後の経緯にも深く関わっているに違いない。日本を相手にせずという朝鮮の基本姿勢は、安倍政権が続く限り100％変わることはないだろう。

〈21世紀の「脅威」〉

21世紀国際社会が20世紀までの国際社会と同じであれば、「9条も安保も」でやり過ごせるかもしれない。しかし、すでに述べたとおり、21世紀国際社会はまったく別物である。「9条も安保も」のごまかしの議論に安住するわけにはいかないのだ。その点を理解するには、パワー・ポリティックスにおける「脅威」と脱パワー・ポリティックスにおける「脅威」との違いを認識することが不可欠である。

20世紀のゼロ・サムのパワー・ポリティックスが支配する世界における「脅威」についてはすでに説明した（243頁）。21世紀のウィン・ウィンの脱パワー・ポリティックスの世界では、戦争は過去の遺物として「お蔵入り」が運命づけられていることもすでに述べた（192頁）。ということは、20世紀までの「脅威」認識は、21世紀にはもはや通用する市場がないということだ。

21世紀の世界の「脅威」があるとすれば、それは何か。人類の生存を脅かす地球規模の諸問題である。これらの問題を放置すれば、人類は間違いなく絶滅の危機に瀕するからだ。新型コロナウィルスの爆発的蔓延はなによりも雄弁にそのことを物語っている。

しかし私は、「脅威」という言葉には、政治軍事的に厳格な定義があることをすでに示した（243頁）。地球規模の諸問題は広い意味では脅威であることには違いない。しかし、パワー・ポリティックス上の軍事用語として厳密な定義がある「脅威」という言葉を、脱パワー・ポリティックスの世界に無造作に持ち込むことは間違いだと私は確信する。あえて定義するのであれば、「挑戦」と呼ぶのがふさわしいだろう。

〈「今こそ9条の出番」〉

再び「9条も安保も」という既成事実の21世紀的有効性を検証する。

人間の尊厳、相互依存、地球規模の諸問題によって特徴づけられる21世紀国際社会は、ポツダム宣言（大西洋憲章）が思想的に拠って立つ、ウィン・ウィンの脱パワー・ポリティックスの世界である。

憲法・9条はポツダム宣言の嫡出子だ。私がかねてから主張してきたことだが、「いまこそ平和憲法・9条の出番」である。

安保はどうか。安保はサン・フランシスコ対日平和条約とセットになったゼロ・サムのパワー・ポリティックスの産物だ。21世紀国際社会では「お払い箱」の運命にある。

結論。私たちは、「9条も安保も」という既成事実に屈服するのをやめよう。憲法9条に基づく平和外交を行うことを誓約する政治勢力に政治を担わせるべく、日本政治のあり方を変えよう。これが、主権者である日本人の21世紀的選択でなければならない。

(四) 国家観を正す

21世紀国際社会においても国家は重要な制度であり続けることを指摘した(220頁)。しかし、日本人の国家にかかわる意識は曖昧である。私が講演する際の質疑の際にそういう印象を深めたこともすでに述べた(119頁)。

軍国主義に引きずられ、敗戦で艱難辛苦を経験した日本人は「戦争コリゴリ」感とともに、庶民大衆を戦争の奈落に引きずり込んだ国家そのものを否定し、敬遠する気持ちを強めた。国家を否定・敬遠する感情は自己を「国民」と定義することさえ疎ましくさせる。戦後復活した支配層が戦前の「国家」観に固執していることが見え見えであること(例:1960年の日米安保条約改定を強行した岸信介)は、多くの日本人の国家に対する否定的・懐疑的な見方をいっそう強めた。

私自身も大学生時代まではそうだった。私が国家に向き合うようになったのは、外務省の実務経験を通じてである。もっとも、国家に対して以上の違和感を抱いているのはもはや70歳代以上の、しかも限られた老人層に限られる。

では、日本人全体の国家に関する見方はどうか。

NHK放送文化研究所はさまざまなテーマに関して世論調査を行っている。「国家」をどう見るかという設問の調査は残念ながら見当たらない。ただし、2017年3月1日の「国への愛着と対外国人意識の関係」と題する報告がある。31の国・地域を対象として行われた調査結果である。

「他のどんな国の国民であるより、この国の国民でいたい」という設問に、「そう思う（どちらかといえばそう思う）」と答えた人の割合は88%だった。これは、フィリピン：91%、南アフリカ：90%に次ぐ第3位だ。

「一般的に言って、他の多くの国々よりこの国は良い国だ」という設問に対する回答では86%で、31の国の中でトップだ。以上の二つの数字からは、圧倒的に多くの日本人が日本という国家に対して肯定的な見方を持っていることを窺わせる。

この肯定的な見方を裏付けるのは、戦後70年の日本社会の歩みに対して多くの日本人が抱いているプラス・イメージである。そのことは、NHKが2014年11月に日本人の「戦後70年観」に関して行った世論調査結果から理解できる。「戦後70年の評価」について、「良い時代だった（どちらかと言えば良い時代だったを含む）」という回答は84％という高率だった。

この調査では男女別、男女年層別の数字も示している。男性は40歳代が90％で最高、70歳以上が78％で最低、女性は50歳代が93％で最高、70歳以上が72％で最低だ。ちなみに、70歳以上に次いで数字が低いのは男女とも20歳代である。

70歳以上の数字も決して低くはない。しかし、年代別数字としては一番低い事実は、戦争の記憶を残していることが影響している可能性を示唆する。それに比べ、戦争を知らない60歳代以下の日本人は総じて戦後70年を高く評価しており、このことが日本という国家への好意的見方につながっていることは間違いないだろう。

以上の国家に対する肯定感情は、主権者としての政治責任の意識を伴っているだろうか。この点に関連したＮＨＫの調査がある。「低下する日本人の政治的・社会的活動意欲その背景」と題する、２０１４年6月に行われた「市民意識」に関する世論調査結果の報告である。

この報告は２００４年との比較も行っている。政治的・社会的な活動経験とその意欲に関して、以下の数字は示唆的だ。

「政治集会に参加」について、「今までしたことがないし、今後もするつもりはない」が２００４年63％→２０１４年69％。「デモに参加」については２００４年70％→２０１４年75％。「政治家や公務員に意見表明」については２００４年65％→２０１４年73％。「マスコミに意見表明」は２００４年70％→２０１４年76％である。

これらの数字は、日本人の主権者としての政治責任の意識が低いことを示している。しかも、その意識は10年間、軒並みで一段と低下しているのだ。

以上の三つの世論調査結果から分かるのは次のことだ。すなわち、日本人は日本という国家に対しては70年の実感に基づいて肯定的、しかし、政治に積極的にかかわっていくことには消極的であるということだ。したがって、主権者として国家の政治外交を動かしていくという意欲は薄く、すべては政府・自民党（「お上」）任せという受動的な姿勢が浮かび上がってくる。

しかし、21世紀国際社会の最大の特徴はウィン・ウィンの脱パワー・ポリティックスにある。そのことを認識するものである限り、ゼロ・サムのパワー・ポリティックスに固執する政府・自民党（安倍政権）の政治に引導を渡さなければ、日本は国際社会で名誉ある地位を占めることはできないことが理解されるはずだ。

日本という国家を21世紀国際社会の諸課題に積極的にかかわらせるためには、まずは私たち主権者が国際社会を成り立たせる制度としての国家の重要性をしっかり認識し、私たちが日本という国家を動かしていくという意識改革を行わなければならない。

〈大国〉

すでに述べたとおり、「大国」は国際社会を社会として成り立たせるための制度として重要な役割を担っている。ところが、「大国」という言葉は、日本国内では往々にして「大国主義」という否定的なニュアンスで受け止められ、語られることが多い。

そのため、「大国・日本の国際的責任・役割」というテーマ自体がタブー視される雰囲気がある。その結果、大国・日本を強調するのは右翼政治家・右翼メディアの独壇場となり、これに対する反感がますますこのテーマを取り上げにくくするという悪循環だ。

しかし、日本は紛れもなく世界No.3の経済大国である。国際社会は、日本が大国としての自覚を備え、大国にふさわしい国際的な役割を果たすことを当然視し、かつ、期待している。

かつて国際的に日本はフリー・ライダー（ただ乗り）だという批判が行われたことがある。フリー・ライダーとは、大国・日本が「大国としての甘い汁を吸うだけで、大国としての国際的役割・責任を果たしていない」という意味である。国際社会は「国際的に慎ましい日本」をまったく評価していない。

中国は元々さまざまな意味において大国だ。特に21世紀に入ってからの経済成長はめざましく、今やアメリカに次ぐ経済超大国となった。中国はその事実をしっかりと踏まえた大国としての自覚を持ち、大国としての国際的な役割・責任を担う用意があると表明し、国際関係におけるさまざまな問題に積極的にかかわっている。このことはすでに述べた（261頁）。

ところが日本では、そのように行動する中国を「大国主義」と非難する雰囲気が充満している。しかも、その非難は、中国が大国としてさまざまな国際問題にかかわっている事実を素通りして、尖閣問題、南シナ海問題、軍事力増強など、見当外れな事柄に向けられている。

日本人が正確に認識すべきことは、「大国である」という事実に立って「大国としての役割・責任を担う」ことと、「大国面する」こととはまったく違うという事実である。日本人は、国際社会を社会であらしめる制度として、「大国」は存在理由があることを知らなければならない。

歴史上、大国が国際秩序を破壊する行動に出た事例は数知れないことは事実だ。しかし、それはパワー・ポリティックスが支配した20世紀までのことだ。脱パワー・ポリティックスの21世紀国際社会は、大国が国際秩序を維持するための建設的役割を果たすことを要求する。

パワー・ポリティックスの身勝手な行動に走るトランプ政権のアメリカが国際秩序をぶち壊すことをかろうじて食い止めているのは、脱パワー・ポリティックスを標榜する習近平政権の中国と政治的プラグマティズムに徹するプーチン政権のロシアである。この事実は、「親米」が当たり前になってしまっている日本人には認識できないことだ。しかし、世界的には広く認識されている。

私たち日本人は、次のことに思いをいたさなければならない。つまり、大国・日本がアメリカの思いのままに動くのではなく、脱パワー・ポリティックスの立場でアメリカに対して是々非々で臨むようになったら、世界はガラッと変わるに違いない、ということだ。

「パワー・ポリティックスの米日対脱パワー・ポリティックスの中露」という構図から、「パワー・ポリティックスのアメリカ対脱パワー・ポリティックスの日中露」という構図への変化が意味することを想像してみることだ。大国・日本が立ち位置を変えれば、21世紀国際社会のありように決定的な影響を与えるのである。そのことを認識すれば、私たち日本人は政治に対する無関心を決め込むことは到底許されないことが理解されるはずだ。

（五）国際機関に関する見方を正す

戦後の日本外交は、日米基軸、アジア重視に続く3本目の柱として「国連中心主義」を据えてきた。国連重視については、政治的立場の違いに関係なく、広い国民的支持基盤がある。

国連とのかかわり方について議論が生まれたのは、1990―91年の湾岸危機・戦争においてである。安保理決議の「お墨付き」を得た多国籍軍を主導したアメリカが、日本に対してカネ・モノ・ヒトすべての面で軍事的に参与することを公然と要求したことをきっかけとしている（174頁）。いわゆる「軍事的国際貢献」問題だ。

ちなみに、国連にかかわるもう一つの問題は、政府・自民党を中心として早くから打ち出された、大国・日本の「常任理事国入り」問題だ。

しかし、私たちが考えるべき基本問題は、21世紀国際社会における国連の位置づけである。その場合まず、国際的に問題点とされていることと、国際社会における国連のあるべき姿は何かという問題とを区別して考える必要がある。その点を整理した上で、日本はどのように国連とかかわっていく必要があるかを考えるのだ。

〈国連の問題〉

国連にかかわる国際的議論はもちろん多岐にわたる。しかし、大別すれば、以下の諸点にまとめることができる。

第一、アメリカ（及び英仏）の安保理に対するご都合主義的アプローチ。利用できるときは最大限に利用するが、不都合となると迂回することを躊躇しないという問題だ。この点については、途上諸国（非同盟運動）の問題意識が鮮明だ。

第二、中国及びロシアの安保理中心主義アプローチ。中国及びロシアが安保理中心主義を強調するのは主に二つの判断に基づく。

一つは、アメリカのご都合主義に歯止めをかける数少ない手段という位置づけだ。アメリカの暴走をチェックする上で、中露両国の行動は評価できるケースが少なくない。

もう一つは、拒否権を持つ安保理常任理事国という既得権を絶対に手放さないという決意だ。この決意が前面に出る両国の行動に対しては、国際的な評価は分かれる。

第三、1945年に成立した国連の今日のありように対しては、特に安保理（特に常任理事国増加問題）、事務局（効率・定員・予算）そして総会と安保理の関係性のあり方に関して多くの議論がある。


〈丸山眞男「国連改革」提案〉

こうした現実に議論されている問題に加え、21世紀国際社会における国連のあるべき姿は何かという問題を考える必要がある。私が紹介したいのは丸山眞男の国連改革に関する数々の発言である。

1950年代の日本国内では、安保理常任理事国の拒否権を不当とし、制限するべきだという主張が支配的だった。丸山は早くも1950年12月に、彼の名声を揺るぎないものにした「三たび平和について」（集⑤）において、その種の主張の非現実性を指摘した。

丸山は1958年、その認識をさらに詳しく次のように展開している。理想主義的現実主義者・丸山の面目躍如である。

「国連ができた前提というものは、もちろん世界戦争の防止です。世界戦争というものは、現在、大国と大国の争いがなければおこりません。あるいは小国の争いに大国が関与することによって世界戦争になる。したがって、大国間の協調が国連の前提であり、同時に目的です。つまり何のために安全保障理事国一般にでなくて、そのうちのいわゆる大国にだけ拒否権を国連が与えたか。それはつまり、大国の協調、具体的には米ソの協調が国連の前提になっているからです。もし国連が、ある大国が他の大国を道徳的に、あるいは政治的に圧迫し、非難するための道具になったとすれば、国連のそもそもの目的に違ってくるというわけです。特別に大国に対して拒否権という特権を与えたということは、小国の立場から考えますと不当だということになりますが、リアルに考えてそうしたのです。（中略）

ある大国が集団安全保障のための制裁を、他の大国に適用すれば、形式的には国連の制裁ということですが、実際にはそれは大規模の戦争を意味する。戦争を防止するための国連が大戦争を起すという結果にもなりうるわけです。そういうことを防ぐために「必要悪」として大国の拒否権が認められている。とすれば、拒否権というものは紛争の原因ではなくて結果であります。つまり、拒否権が発動されるようになったのは大国間の協調が破れた結果であって、拒否権を発動したから大国間の協調が破れたのではない。そうすると、拒否権を制限することによっては、具体的には世界平和の問題は解決できない。……もし拒否権を制限し、安全保障理事会は多数決ですべてを決めてしまって、少数は多数に無理に従わせるということにしたらどうなるか。国連は機能しなくなるか、それでなければ世界戦争になるか、どっちかです。それよりも、よろめいて、ぐらぐらしているけれども、すべての大国が国連に参加しているということが、まだしも世界にとってはいいんです。」(62)

私は、晩年の丸山眞男が常任理事国の拒否権発動で何もできなくなる国連のあり方を組織的に改革できないかという点に集中して思索をめぐらしていたことを知り、その発想が実に豊かなことに驚嘆した。

国連に関する丸山の発言は、「伊豆山での対話(上)」(手帖12 1988年6月。話文集④)、「「楽しき会」の記録」(手帖56 1990年9月16日。話文集続③)、「秋陽会記」(手帖7 1991年11月3日。話文集④)、「楽しき会」の記録」(手帖49 1991年12月22日。話文集続③)、「丸山眞男先生を囲む会(下)」(手帖42 1993年7月31日)、「「アムネスティ・インターナショナル日本」メンバーとの対話」(手帖54 1993年10月20日。話文集続②)、「伊豆山座談(上)」(手帖5 1994年8月10日)、そして「丸山眞男先生を囲む会」最後の記録」(手帖66 1995年8月13日。話文集続④)に及ぶ。

最後の発言が行われたのは世を去るわずか1年前である。彼の知的活動は最後まで衰えることがなかったことを改めて思い知る。

丸山の思索のポイントは組織改革と強制措置（集団安全保障措置）の2点にある。

〈組織改革〉

丸山は、国連の組織改革に関しては、総会と安保理からなる今の国連の組織をアメリカの議会のように、主権国家で構成する「上院」と、世界人民の直接選挙による「下院」とからなる両院制議会に変えることを提案する。ただし、「世界人民の直接選挙」の具体化が難しいことは認めていて、最終的には、NGOが三分の一、職能代表が三分の一、個人が三分の一という構成にすることを提案した。

ここでは上院と下院との権限関係についても提案している。武力発動を含めた制裁の決定機関は下院、ただし、上院の三分の一以上の反対で下院決定に対する拒否権を認めるとしている。

丸山の理想主義的現実主義のすごみは、アメリカが安保理改革にかかわるいかなる提案にも難色を示すことをあらかじめ想定して、アメリカ議会に準じた組織改編提案を行っていることに見られる。「アメリカ的国連改革」ならば文句はあるまいというわけだ。

とはいえ、アメリカをはじめとする5常任理事国が簡単に国連改組に応じるとは考えにくい。むしろ、丸山が述べるように、自衛隊の国連直轄部隊化を先行させ、国際の平和と安定を維持する国際機関としての国連の実績を積み上げ、大国の出番を少なくしていくことが、長期的には、5大国が国連改組に応じる条件を作り出すと思われる。組織改革は長期的課題と位置づけるべきだろう。

〈強制措置〉

強制措置（集団安全保障措置）に関する丸山の基本的考え方は次のようにまとめることができる。

第一、「主権国家はなくならない」。「主権国家はなくならない」とは、21世紀以後も主権国家を主要な成員とする国際社会の性格は変わらないという私の認識と同じである（218頁）。

第二、「大国中心主義と国際民主主義」の折り合いをつける。丸山曰く、「今の国連の根本の矛盾は、主権国家の寄合所帯なんです。あれは決して国際組織じゃないです。だけど過渡的にはしょうがない。主権国家から超主権国家の、つまりグローバルな秩序になる過渡的段階なんです、国連は。」「大国中心主義と国際民主主義」の折り合いをつけることの難しさは、組織問題と強制措置に共通することだ。強制措置を考える上でも両者の折り合いをつけることがカギになる。

第三、多国籍軍方式は問題あり。１９９０年代以後に生み出されたのは多国籍軍・有志連合方式だ。丸山曰く、「一体どこまでがアメリカのナショナル・インタレストに基づく行動なのか、どこから先が国際社会の利益を代表するのか、全然分からない」。この点を、私は「集団的自衛権行使＝集団安全保障措置」と認定するのは法的に問題だと指摘した（196頁）。

第四、国連直轄部隊の創設。丸山曰く、「地域的な紛争に対してどこの国にも属しない国連軍が直接制裁をするんだったら、僕は場合によっては賛成しますね」。

多国籍軍方式に代わるものとして、丸山は国連直轄部隊の創設を提案する。直轄部隊は、憲章第42条で「安全保障理事会は、……国際の平和及び安全の維持又は回復に必要な空軍、海軍または陸軍の行動をとることができる」において予定していることである。丸山の提案は特に真新しいわけではない。

第五、日本国憲法に合致する方向で国連を改革する。丸山曰く、「国連の軍隊ができれば、軍隊はみんな国籍を離脱すると、日本国憲法の問題にならない。日本国憲法の精神だな、むしろ。「平和を愛する諸国民の公正と信義に信頼して」と前文にあるでしょ。国家が直接武力を行使することを禁止するというのが、第九条ですから。これを、ずっと及ぼせばいいわけ。」

彼の提案の新しさは、表現はストレートではない（「日本国憲法に合致する方向で国連を改革する」）が、自衛隊を国連の直轄部隊に組み入れる点にある。丸山はそれ以上に立ち入った説明をしていない。「日本はどのように国連とかかわっていく必要があるか」という三番目の問題として、彼の意を体して（?）、私がさらに以下に展開する。

〈国連直轄部隊の自衛隊〉

まず、自衛隊を国連直轄部隊にする提案と憲法との関係を考える。結論から言えば、自衛隊を国連直轄部隊にすることで、憲法とのかかわりにおける問題は解消する。これが国内的な最大のメリットである。

まず、自衛隊が違憲の存在であるという批判は、9条が禁止する「戦力」に該当するという点にある。歴代政権は、「必要最小限度の自衛力」論でその批判をかわしてきた。しかし、今日の自衛隊の実力はその限界をはるかに超えている。そもそも、内閣法制局の解釈は国際的に通用する代物ではない（175頁）。自衛隊の存在は違憲という結論は不可避だ。

もう一つの現実的な問題は、違憲の存在であるとして、では自衛隊の存在をゼロにするのかということだ。

憲章第43条1項は、「国際の平和及び安全の維持に貢献するため、すべての国際連合加盟国は、安全保障理事会の要請に基き且つ1又は2以上の特別協定に従って、国際の平和及び安全の維持に必要な兵力、援助及び便益を安全保障理事会に利用させることを約束する」と規定する。この規定に従い、自衛隊を国連直轄部隊とすることで難問は解消する。

国連直轄部隊は安保理が決定する強制措置（集団安全保障措置）を実行する。この措置は戦争一般を違法化した国連憲章に違反する軍事行動をとるものを取り締まるための国際警察行動である。国連直轄部隊の法的性格は国際警察力だ。これは9条の禁止する「戦力」には該当しない。これで、最初の問題（自衛隊は違憲の存在）もクリアされる。

なお、第43条1項にいう「特別協定」は、「兵力の数及び種類、その出動準備程度及び一般的配置並びに提供されるべき便益及び援助の性質」を定めることになっている（同条2項）。自衛隊の編制・規模・実力・指揮命令系統等に関しては、この特別協定で調整する必要が出てくるだろう。

憲章47条に基づく安保理常任理事国の参謀総長で構成されている軍事参謀委員会と自衛隊との関係のあり方についてはどうするか。

同条2項は、「軍事参謀委員会は、安全保障理事会の常任理事国の参謀総長又はその代表者で構成する。この委員会に常任委員として代表されていない国際連合加盟国は、委員会の責任の有効な遂行のため委員会の事業へのその国の参加が必要であるときは、委員会によってこれと提携するように勧誘されなければならない」と定めている。この規定に従って調整することになるだろう。

◇日米安保体制終了

日本が自衛隊を国連直轄部隊にすることは、日米軍事同盟・日米安保条約の終了を導く。このことは、パワー・ポリティックス（対日平和条約＋日米安保条約）と脱パワー・ポリティックス（ポツダム宣言＋憲法）の狭間にあって、「9条も安保も」という矛盾に安住してきた日本人の認識を根本から正すことにつながる。

日本の以上の行動は、日米同盟に立って対アジア太平洋戦略を進めてきたアメリカにその戦略の根本的見直しを迫るだろう。また、日米軍事同盟のもとで際限ない軍事力増強に走ってきた日本に対する近隣アジア諸国の警戒感を払拭する（残される課題はアジア蔑視の清算だけとなる）。

なお、安保理との特別協定は、国連直轄部隊として活動するとき以外には、日本国内で災害復旧その他の活動に従事することを定めることができる。日本が備えるべき装備、部隊の予算分担その他の必要事項も同様に定めることができる。

◇国際的意義

次に、自衛隊を国連直轄部隊にする提案の国際的意義は何か。

最大の意義は憲章第7章の集団安全保障体制に生命力を吹き込むことである。そのことにより、アメリカ主導の多国籍軍・有志連合による軍事力行使の乱用に歯止めをかけることにつながる。

また、日本が自衛隊を国連直轄部隊とする決断は他の国々の政策にも大きな影響を及ぼすことになるだろう。

デンマークの呼びかけに基づき、1996年に設立された国連緊急即応待機旅団は平和維持活動に対応するものである。国連直轄部隊とは異なる。

日本の行動は、他の国々が国連直轄部隊に加わる呼び水にもなるだろう。国連直轄部隊の規模・実力が増大すればするほど、憲章第2条違反の行動をとるものに対する即応力・制裁力は強化される。

おわりに

私がこの本を書くきっかけは、三一書房主催の催しで、日本政治の問題点について日頃考えていることをお話しした際、同社の小番伊佐夫氏から、お話しした内容を本にしないかというお誘いを受けたことである。当初は、「この年になって今更」と尻込みする気持ちの方が大きかった。しかし、私の問題意識をまとめるのはこの機会しかない、という気持ちが次第に膨らんだ。書き終えた今は、小番氏に感謝、感謝である。

私の人生はささやかなものだ。私なりに「筋を通す」生き方で今まで来られたのは、陳映真の存在、丸山眞男の思想そして孫娘・ミクの影響（本文で述べたとおり）が大きい。

陳映真とは、台湾での語学留学の2年間以後は、彼が出獄後に訪日したとき、私が娘（ミクの母親）を伴って台北に彼を訪れたときの2回しか会っていない。しかし、私の中では常に彼が鏡としてでんと座っている。

丸山眞男は、彼が1981年に訪中し、北京で入院を強いられた時に、中国在勤だった縁で、3度ほど見舞いで会ったことがあるだけである。私は在外勤務の時は常に、丸山の『日本政治思想史研究』、『現代政治の思想と行動』、『日本の思想』を携行していた。丸山がサインしてくれたこの3冊は貴重な宝物である。

なお、『丸山眞男書簡集』第4巻には、丸山が家永三郎に宛てた年賀状の中で、私のことに短く言及したものが収められている。家永とは教科書裁判の時に2、3度一緒したことがある。尊敬置くあたわざる二人の間で取り上げられただけでも、私にとって最大の勲章だ。

この本の副題にもなっているとおり、私の日本政治に対する批判的思考は、丸山抜きには語れない。ただ、僭越を承知で実感を言わせてもらうと、私の思考は丸山のそれと「波長が合っている」と表現したい。

私は、執拗低音の働きを実務時代から痛感していた（「執拗低音」という言葉は知らなかったが）。日本政治の「特異性」「後進性」という問題意識も、実務体験を通じて早くから培っていた。１９９４年に、『国際的常識と国内的常識』というタイトルの本を出したのも、そういう問題意識を温めていたからだ。丸山が「未開社会」・日本、「未開民族」・日本人と喝破する見事さには恐れ入った。しかし、それ以上に、丸山の卓見が私の日本政治に関する問題意識のモヤモヤを一気に吹き飛ばしてくれた、というのがより正確である。

丸山がこの本を読んだとしたらどのような反応を示すか、正直、見当もつかない。勝手な解釈を加えるな、と怒られるかもしれない。この本はあくまでも私の日本政治論であることをお断りするゆえんである。

安倍政治、というより安倍晋三は執拗低音のかたまりである。新型コロナウィルス問題は、「いま」をやり過ごすことしか念頭にない安倍の本質を際立たせている。

その「いま」の核心は何か。新自由主義に基づく人命軽視の医療制度「改革」を行ってきた米欧日医療体制がコロナ来襲に直面したことだ。

米英仏伊西等諸国の惨状は、新自由主義・医療「改革」の結末を物語る。ひとり新自由主義に一定の留保をつけたドイツはなんとか事態を制御してきた。ただし、トランプ・アメリカは論外として、英仏伊西等は人命最優先にギア・チェンジし、大量検査による感染者洗いだし、医療従事者の献身・自己犠牲、そして国民のロック・ダウンへの自発的協力によって難局克服に総力を挙げて取り組んでいる。

韓国の場合は、ＳＡＲＳの教訓を生かした、早期発見、早期隔離、早期治療の取り組みが成功している。「韓国モデル」として世界的に高い評価を得ているゆえんである。

ところが安倍政権は、「改革」を経て痩せ細った医療体制の崩壊阻止を前面に押し出した。人命は二の次だ。医療負担を軽減するためには、入院患者を減らすことが至上命題となる。そのため、ＰＣＲ検査を受ける「資格」を厳しく設定し（37・５度以上の発熱が４日間以上続くこと！）、ＰＣＲ検査対象をクラスター関係に限定した（クラスター以外の感染者を放置！）。

コロナ抑え込みに無為無策の安倍政権がやったことは、非常事態宣言と「三密回避」などの国民の自覚的行動「要請」だ。国民が協力しなければ感染爆発は避けられないとまで脅迫する始末だ。「政府は何もしないで、すべてを国民に押しつける」やり方は、「個」「主権者意識」が確立している米欧諸国では通用する代物ではない。日本人の「お上」意識を読み込んだ安倍ならでは（？）の対応だった。

安倍政権の以上の対応に、日本が英仏伊西等の後を追うのは時間の問題、と世界は予想した。私もそう判断していた。しかし、日本に感染大爆発は起こらず、緊急事態宣言は解除された。

米欧メディアはこの不可解な「奇跡」を当惑気味に報道した。米欧メディアの報道に気をよくした安倍は「日本モデルの力を示した」と自慢した。

日本に感染大爆発が起こらなかった原因はいくつか考えられる。米欧諸国のようなスキンシップの習慣がない。インド、ブラジル等における住民密集のスラムが今の日本にはない。中東湾岸諸国、シンガポールでは、出稼ぎ外国人労働者密集住宅が感染急増の中心スポットだが、日本にはそれもない。

それらの幸運に加え、安倍が織り込んだ「お上」に弱い日本人の存在があった。米欧メディアには理解不能の、日本という執拗低音の世界（「未開社会」・日本、「未開民族」・日本人）ならではの要素の働きと言えるだろう。

しかし、それは「日本モデル」として自慢できるような代物ではあり得ない。有頂天になる安倍の浅はかさを際立たせるだけである。

医療崩壊防止を最優先し、感染者洗い出しに及び腰の日本は、今後も「クラスター」発生に脅かされ続けるだろう。感染者洗い出しを最優先する世界（それでも「第二波」「第三波」を予想）との最大の違いはここにある。

「お上」に弱い日本人の行動の問題点を浮き彫りにしたのは、医療従事者に対する差別が顕在化したことだ。パブリック（「個」を前提にした集団的つながり）の観念が浸透している欧米では、医療従事者への連帯を表す自発的行動（夜8時にみんなが一斉に拍手する等）が各国で行われてきたという。

広く報道されたとおり、日本では医療従事者及びその家族に対する差別がまかり通る。「お上」の意思（「要請」）には従うが、それ以外では「私」が自己主張する。「未開民族」・日本人の本性がさらけ出されるのである。

ワクチンが開発される（WHOは最速でも1年〜1年半はかかると予想）、集団免疫を獲得する（スエーデン以外は懐疑的）などの展開があればともかく、新自由主義「改革」を経て痩せ細った医療体制の崩壊阻止を大前提にする「日本モデル」の前途は暗い。私たちの精神的「開国」のみが状況を打開するエネルギーを生み出すことを改めて確認する思いだ。

安倍政治は、二つの学園問題、「桜」問題、法務省人事問題、そして今回のコロナ問題と、その専横ぶりと反人権・反デモクラシーの体質がますます露わになっている。末期症状と言って過言ではない。この本が刊行される予定の8月15日以前に安倍政権が野垂れ死にしていることを願う。

8月15日はいうまでもなく、ポツダム宣言を受諾して日本が降伏した日である。この日は、1996年に丸山眞男が82年の生涯を閉じた日にも当たる。日本の真の「開国」を願い、丸山眞男に対するオマージュを込めて、私の問題意識を世に問うにふさわしい日だと思っている。

〈脚注〉

（1）手帖2「日本の思想と文化の諸問題（上）」1981年10月17日。話文集②

（2）手帖19「早稲田大学 丸山眞男自主ゼミナールの記録 第二回（上）」1985年3月31日。話文集②

（3）講義録④

（4）『自己内対話』

（5）集⑨「日本の近代化と土着」1968年5月

（6）集⑪「日本思想史における「古層」の問題」1979年10月

（7）講義録④

（8）講義録⑤

（9）講義録⑥

（10）講義録⑦

（11）集④「軍国支配者の精神形態」1949年5月

（12）集⑤「「現実」主義の陥穽」1952年5月

（13）講義録⑦

（14）集⑩「歴史意識の「古層」」1972年11月

（15）注4参照。

（16）手帖3「日本の思想と文化の諸問題（下）」1981年10月17日。話文集②

（17）講義録④

（18）講義録⑦

（19）別集③「日本における倫理意識の執拗低音」1975〜6年

（20）集③「日本人の政治意識」1948年5月

（21）集④「軍国主義者の精神形態」1949年5月

（22）注6参照。

（23）手帖9「丸山眞男自主ゼミナールの記録 第一回」1983年11月26日。話文集②

（24）手帖10「内山秀夫研究会特別ゼミナール 第二回（上）」1979年6月2日。話文集③

（25）注6参照。

（26）講義録④

（27）注6参照。

（28）注16参照。

（29）注2参照。

（30）注23参照。

（31）『自由について』1985年6月2日

（32）集⑮「戦後民主主義の原点」1989年7月7日

（33）集⑤「三たび平和について」1950年12月

（34）注6参照。

(35) 集8「拳銃を……」1960年3月
(36) 手帖2「丸山眞男を囲む 或る勉強会の記録（下）」1981年6月16日。話文集③
(37) 手帖56「「楽しき会」の記録」1990年9月16日。話文集続③
(38) 集③「近代的思惟」1946年1月
(39) 注24参照。
(40) 集⑫「原型・古層・執拗低音」1984年7月
(41) 集⑧「武田泰淳「士魂商才」をめぐって」1959年1月
(42) 集⑬「「文明論之概略」を読む（一）」1986年1月・3月
(43) 注4参照。
(44) 集⑯「普遍の意識欠く日本の思想」1964年7月15日
(45) 手帖5「南原先生と私」1977年10月23日。話文集①
(46) 手帖11「早稲田大学 丸山眞男自主ゼミナールの記録 第一回（下）」1983年11月26日。話文集②
(47) 集⑩「好さんとのつきあい」1978年10月
(48) 注4参照。
(49) 集⑨「幕末における視座の変革」1965年5月
(50) 集⑦「思想と政治」1957年8月
(51) 別集③「『加藤周一集』をめぐって」1980年
(52) 集⑪「「君たちはどう生きるか」をめぐる回想」1981年6月25日
(53) 回顧談
(54) 注45参照。
(55) 注46参照。
(56) 注4参照。正確には、「すべての認識が対象に参与しているかぎり、そこには真理がある。その真理は絶対的で（あって）相対的ではない。ただ、対象の全構造を一ぺんに把握するような認識は現実には存在しないから、現実の認識は部分的真理たるを免れないだけだ。」（36頁）
(57) 注44参照。
(58) 手帖22「聞き書き 庶民大学三島教室（上）」&手帖23「聞き書き 庶民大学三島教室（下）」1980年9月15日。話文集①
(59) 注32参照。
(60) 注44参照。
(61) 集⑯「丸山眞男教授をかこむ座談会の記録」1968年11月
(62) 集⑦「政治的判断」1958年7月

浅井 基文（あさい もとふみ）

1941年、愛知県生まれ。東京大学法学部中退。
1963年〜1988年、外務省勤務。
1988年〜2011年、東京大学教養学部教授、日本大学法学部教授、明治学院大学国際学部教授、広島市立大学広島平和研究所長を歴任。

著書
『日本外交――反省と転換』（岩波新書）、『新保守主義』（柏書房）、『中国をどう見るか』（高文研）、『集団的自衛権と日本国憲法』（集英社新書）、『13歳からの平和教室』（かもがわ出版）など。

日本政治の病理
－丸山眞男の「執拗低音」と「開国」に読む

2020年8月15日　第1版第1刷発行
著　者 ―― 浅井 基文
発行者 ―― 小番 伊佐夫
組　版 ―― Salt Peanuts
装　丁 ―― 浅井章文
印刷製本― 中央精版印刷株式会社
発行所 ―― 株式会社 三一書房
〒101-0051
東京都千代田区神田神保町3－1－6
☎ 03-6268-9714
振替 00190-3-708251
Mail: info@31shobo.com
URL: http://31shobo.com/

ISBN978-4-380-20006-9　C0036　Printed in Japan
乱丁・落丁本はおとりかえいたします。
購入書店名を明記の上、三一書房まで。